尽善尽美 弗求弗迪

美迪润禾书系

我家孩子不耍赖

张珩 ◎ 著

电子工业出版社
Publishing House of Electronics Industry
北京·BEIJING

未经许可，不得以任何方式复制或抄袭本书之部分或全部内容。
版权所有，侵权必究。

图书在版编目（CIP）数据

我家孩子不耍赖 / 张珩著. — 北京：电子工业出版社，2023.6
ISBN 978-7-121-45477-6

Ⅰ.①我… Ⅱ.①张… Ⅲ.①家庭教育—儿童教育 Ⅳ.①G781

中国国家版本馆CIP数据核字（2023）第072649号

责任编辑：王小聪
印　　刷：三河市兴达印务有限公司
装　　订：三河市兴达印务有限公司
出版发行：电子工业出版社
　　　　　北京市海淀区万寿路173信箱　邮编：100036
开　　本：880×1230　1/32　印张：8　字数：180千字
版　　次：2023年6月第1版
印　　次：2023年6月第1次印刷
定　　价：59.00元

凡所购买电子工业出版社图书有缺损问题，请向购买书店调换。若书店售缺，请与本社发行部联系，联系及邮购电话：（010）88254888，88258888。

质量投诉请发邮件至zlts@phei.com.cn，盗版侵权举报请发邮件至dbqq@phei.com.cn。

本书咨询联系方式：（010）57565890，meidipub@phei.com.cn。

这本书开始前,我想分享一句话:"世上不存在完美的父母,重要的是,父母要做出正确的努力。"

想做完美的父母这件事,本身就是养育孩子成长过程中的一种障碍,不仅浪费父母的精力,还会把压力传导给孩子。与其琢磨如何做完美的父母,不如专注于如何成为平和乐观的父母,至少也要以此为目标,把家庭变成孩子存储快乐的"银行",平稳驾驶着成长"大篷车",一路向前。

我常年在上海、香港、法国特鲁瓦三地往返工作生活,养育一对11岁的双胞胎,接触了各地很多中外家庭,亲身领略了法国家庭教育的一些独特之处。作为一个中国妈妈,我在法国养育孩子的深刻感受之一是,在这里,孩子并不被当作孩子来对待,而是被看作一个个渴望长大、受到尊重的小小人类,他们个性鲜明,思想独立,很早就对自己的人生有稚嫩的梦想,令人莞尔。父母作为监护者和启蒙者,接受孩子个性差异,引导他们做最好的自己,并随时准备从孩子的世界里从容"退位"。

在这里,自我成长不只是一句口号,更是一种生活方式。原因就是,法国家庭的教育理念强调正念引导,即接受差异,不做评判。他们会在很多看似稀松平常的生活细节中，释放蕴含着边界意识、规则逻辑、儿童自我认同等内容的正面信号，鼓励孩子自我成长。正是这种氛围，让孩子们非常自信，敢于表达自我，心态也更加积极。或许这种教育方式值得我们借鉴一二。

然而，家庭教育里并没有万能适配的规则，作为从国内应试教育体系中摸爬滚打出来的中国妈妈，我的很多接地气的育儿观和西方文化产生了碰撞，经常体现在育儿日常里，有冲突，有博弈，有惊喜，也有翻车。最终我和孩子爸取长补短，互取优势，基本上成功地把脱缰撒欢的小家伙们温柔地拉回了健康成长的快车道。

这本书，是我对于打造一种兼容并蓄的家庭教育模式的经验总结，希望它能够让我们的孩子从幼年期起，就能感知边界和自由，唤醒自身的内驱力，自主成长，内化出与国际接轨的跨文化思维，还能把成长的幸福感拉到满格。我给这种教育模式起了个名字，叫"正念—边界—舒适系统"。这是一个操作性强、简便易学、形式灵活的教育理论，从沟通、示范、安全感构建、信心内化等层面，帮助孩子稳健成长。

现在，我们的孩子阿莱克斯和托马斯已经11岁了，就读于法国特鲁瓦的一所排名靠前的私立学校——圣皮埃尔学校，他们完全融入了同龄人群，自主学习，独立社交，现在中英法三国语言说得都很流利，学习成绩在班上也名列前茅。弟弟托马斯有数学、几何、科学、编程等方面的超前优势，哥哥阿莱克斯则在法语、历史等人文学科方面全班领先。因为英语流利，两个人都是班上的英语纠错助理（类似国内的英文课代表）。

更重要的是，老师每次的年末评语里都会提到，他们阳光自信，有礼貌，有爱心，对一切充满好奇，学习努力，是"令人愉快"的孩子。

作为他们的妈妈，我已好几年不当"全陪妈妈"，每天只浏览一下他们学校的日志，了解他们最近在学什么，需要时帮他们听写一下法语单词就够了。学校之外，孩子们自己要求报了艺术课和编程课，我又额外建议他们报了中文课。每个周六，当我和爱人小马睡到自然醒时，楼下传来的孩子们跟着网课老师大声念中文的稚嫩声音，便开启了我们一天的好心情。谁说教育孩子一定要鸡飞狗跳？

本书的目的之一，就是探讨一条跨文化家庭教育之路，将法式正念思维和注重独立人格培养的理念融入东方式守望教育中，让孩子们发现更好的自己，找到自我成长的动力。

正念—边界—舒适系统能带来哪些好处呢？有以下三个。

（1）把成长还给孩子，把爱还给父母，让教育不再是一场"你不情我不愿"的拉锯战。正念—边界—舒适系统正常运行以后，孩子会自己主导自己的学习和生活，父母则可以回归次要的支持者角色，渐渐排除心头的焦虑，有更多精力去爱和陪伴。

（2）给孩子强大的精神支持。这套系统可以帮助孩子建立不缺爱的人生内循环。

（3）正念思维结合法式家庭教育理念，可以帮助孩子建立多维度思考模式，尤其是批判性思维，作为西方学术论文的逻辑基础，必将使孩子长久受益。

教育，可大可小。往大了说，教育是一颗心触碰另一颗心，一个灵魂推动另一个灵魂的过程。往小了说，教育则是送娃上学，陪娃做作业，考试给娃打气，考上大学给娃打钱……以上这些日常，都是父母配合学校的被动操作。想要确保孩子的人格健康，只做这些是远远不够的，父母还需提前主动介入孩子人格的形成过程，充实他们的软实力，这也是孩子日后拉开与同龄人之间的成长差距的重要因素。经常有家长们在我的文章下面提问，总是担心：孩子的情商和处世逻辑，够不够让他们独立走向世界？孩子会被骗吗？会识别好朋友和坏朋友吗？有足够的底气面对这个连父母可能都看不太透的世界吗？能否勤奋自律？出国留学能不能融入当地生活？能否适应国外的教育体制？学业能否顺利，成绩是否优秀？为了避免这些纷繁而至的担忧，我认为，家庭应该尽早成为孩子思维成长的"孵化器"。

我在多年教学中积累了丰富的教学资源，试图在书中清晰地还原在孩子5~15岁的成长阶段中，父母需要陪孩子一起跨过的很多节点。如果这些节点跨越得好，那么不仅能为孩子的学业加持，更能让孩子拥有能量强大的逻辑思维能力，以及不胆怯、不缺爱、充满自驱力的强大内心。这些和学业成绩一样，都是伴随孩子终身的宝贵财富。

第 1 章

多语言学习：可以乱入的跨文化启蒙

1.1　窗口期的语言灌输：妈妈变成"话痨" / 003

1.2　词汇"大爆炸"：别把孩子当孩子 / 006

1.3　讲故事攒情商：便宜又奏效 / 010

1.4　培养仪式感：为语言加"糖" / 019

第 2 章

守护探索期：欢迎加入"家庭迷你王国"（5～7岁）

2.1　建立边界意识：爸爸的"山洞侵略保卫战" / 027

2.2　家庭迷你王国的关注力分配 / 033

2.3 不行就是不行！/ 036

2.4 在正念—边界—舒适系统中营造成长乐园 / 040

2.5 零花钱：欲擒故纵的财商训练 / 050

第 3 章
社交期："佛系"放养试运行（6～9岁）

3.1 玩耍约会：缓解分离焦虑的"预演" / 059

3.2 淡化处理：育儿过程中的"无为而治" / 064

3.3 "妈妈团"下午茶：育儿苦乐"吐槽"大会 / 071

第 4 章
爸爸带娃是个体力活：一秒入戏，专治各种"不服"

4.1 父亲的角色并不轻松：欲戴王冠，必承其重 / 081

4.2 禁不禁游戏？一个难以抉择的问题 / 087

4.3 公平和努力：家庭迷你王国的显规则 / 095

第 5 章
学龄期的"沙场":全世界越来越趋同(6~10岁)

5.1 无论是"鸡娃"还是"佛系",都要小心角色错位 / 107

5.2 三座"心灵灯塔"照亮学海茫茫 / 115

5.3 学业江湖:"半鸡娃"与设定时间表,哪个管用? / 124

5.4 陪做作业:培养孩子独立学习的习惯 / 131

第 6 章
从陪伴到对视:把成长还给孩子

6.1 高质量陪伴:说孩子听得懂的话 / 149

6.2 由陪伴到对视,从过夜邀请开始 / 159

6.3 与其追求完美,不如培养自律 / 165

6.4 厨房里的"成人礼":跟着爸爸学做家务 / 176

第 7 章

野蛮生长期：用正念把控糟糕的情绪（9 ~ 13 岁）

7.1 用正念治愈自己，用乐观抵制霸凌 / 185

7.2 叛逆期的尽头是父母与孩子和解 / 195

7.3 在对视转型期，父母该怎样跟孩子沟通？/ 201

7.4 让情绪价值为家庭教育保温 / 208

第 8 章

狂野青春期：用接纳和理智应对冲突（11 ~ 16 岁）

8.1 批判性思维：狂野青春的"冷却剂" / 221

8.2 如何用正念—边界—舒适系统捋顺青春期"小杠精"？/ 228

结束语 / 242

第 1 章

多语言学习：可以乱入的跨文化启蒙

语言是跨文化教育中绕不开的一个话题，凭借笔者十几年做语言老师的经验，本书开篇为有需求的家长提供了一些孩子在多语言环境下学习的方法。从孩子幼年的窗口期开始发力，学习双语完全可行。如果过了窗口期，则可以中文为基础，辅以英语故事和简短的英语日常对话，打造跨文化语言基础。

1.1 窗口期的语言灌输：妈妈变成"话痨"

先讲讲我的亲身经历，作为一对双胞胎男孩的妈妈，我与孩子们的联结从他们一出生就稳固建立了。但这有得必有失。这么牢固的亲子联结，必然是以24小时无间断"厮混"在一起为代价的，对孩子们来说也许是福音，但是对于一个新时代"文艺女中年"来说，这就等于几乎与社会断了联系。只是那时候脑门上还闪耀着"月光"（月子期光芒）的我，没空"哀悼"这个，因为我遇到了更糟心的事。

孩子们在上海出生，几个月时例行体检，老二托马斯左耳的听力似乎有点弱。医生用铃铛在他左侧狂摇，他居然头也不晃一下。和所有新手妈妈一样，刚被告知这一消息后的那几分钟，我情绪抓狂到几乎走不动路。幸好经仪器检查以后，没有发现器质性疾病。自此以后，我对孩子们开口说话特别期待，结果越盼越不来，直到2岁，这两只神兽还是不说话，只会冒出一些稀奇古怪的"外星语"，没人能听懂。

孩子们的爸爸小马是个法国人，那时新到一家驻华法国公司工作。对孩子们开口说话这个问题，他却一点也不急，还说多语言家庭的孩子说话迟一点很正常。另外，从孩子奶奶那里我还得知，原来小马也是"贵人语迟"，3岁以后才开始说话。

果然，爸爸的笨嘴拙舌很大概率遗传给了两个小家伙。双语儿歌天天在家循环播放，我的梦里都充斥着"小白兔白又白"了，这哥儿俩依然没有打算要开口"进化"成现代人。

我一脚踢开了强装镇定的孩子爸，拿出了唐僧的"秘技"——灌耳音。于是，一个曾经惜字如金，连发个微信语音都怕聒噪的"社恐"，快速变身话痨妈妈，并在这条道上绝尘狂奔。

敲黑板1

> 0~3岁是建立亲子联结的关键期。妈妈的语言水平，是孩子语言能力的起点，一定程度上决定着孩子入学后的沟通力和学习力。如果妈妈不善言辞，其他家人可以代劳，也可以定期营造一个语境，让孩子进行语言能力的训练。强调一下，看电视不是灌耳音！一定慎用！因为电视上的语言没有互动和其他感官引导作用，不但效果差，而且会影响孩子视觉、听觉、触觉和大脑的感统联动。低幼儿童不适宜长期看电视。儿歌等音频刺激也有一定积极作用。

此后很长一段时间，我陪孩子的日常是这样的："看！这只小猴子的脸为什么这么红？原来它不高兴啊！为什么呢？哼！我生气！因为我的香蕉不见了！香蕉？在哪里呀？快来找一找，找一找，找一找……看！它在这里！真的在这里吗？不，这不是一个香蕉，这是一个橘子！看！这个才是香蕉，它黄黄的、软软的……"（此处省去几万字。）

这表演看似放飞自我，其实并不轻松！没有回应，自己的哏自己捧，自己的包袱自己抖，还要一人分饰几角。如果在大马路上被人看到，大概别人会以为我脑子进水了吧。但孩子们似乎很受用！虽然还不会说话，但只要我一开始表演，他们的眼睛就马上盯着我，还"咿咿呀呀"地伴奏。到后来，我的"独角戏"表演得越发流畅自然。如果我推着童车到公园去转一圈，不一会儿整个公园的大爷大妈都会慈祥地来围观一个手拿毛绒玩具，对着童车自导自演大半天不带歇口气的"女神经"，尤其还是个中英文自如切换的双语"女神经"。

敲黑板2

> 健谈的妈妈不一定会培养出口才好的孩子。孩子是否健谈与天性有关，但语言灌输一定会促进孩子大脑发育，有效提高孩子的认知力和理解力。当孩子开始有语言回应时，妈妈就需要及时减少语言输出量，给孩子留出回应的空间。

好消息是，经过半年的"中法语言友谊赛"，双胞胎终于开口了。不过，哥儿俩说的第一个词既不是中文也不是法语，而是英语。哥哥阿莱克斯的第一个词是car（汽车）！弟弟托马斯的第一个词是gook！（其实是look——看。看来，弟弟的听力可能真的有点问题。）而且，这两个词在他们的大脑里循环"播放"了好几天。大家可以想见，带着这哥儿俩出去散步是怎样的情景，每开过去一辆车，哥哥先坚定地喊一声："Car！"然后，弟弟不甘落后地补一句："Gook！！"路上车来车往，哥儿俩的二重唱就这样不绝于耳，身高不到一米的小人儿却拥有三米八的气场，引路人竞相侧目。我再也不敢多说话了,只想原地消失。不管怎么说,我的"独角戏"表演初见成效,孩子的语言危机基本解除。

我的心得:孩子生长发育的时间线不是完全一样的。如果你的宝宝也说话稍晚,排除了器质性疾病之后,你要做的就是坚持强化语言灌输。初期得不到回应很正常,你只需要坚持就行。语言灌输会慢慢投射进孩子的大脑中,起到积极的催化作用,只要孩子的听力和智力发育正常,做出回应是迟早的事。

敲黑板3

定向语言灌输是对孩子进行双语训练的绝佳机会。如果父母有外语基础,对孩子进行母语和另一门外语(如法语)的同步刺激是完全可行的。孩子听得最多、得到回应最多的语言一般会成为他们的第一语言,对其他语言的使用可能会稍迟,但也会很快被唤醒。

1.2 词汇"大爆炸":别把孩子当孩子

在说出第一个词之后,孩子的语言能力会突飞猛进,进步飞快。为什么开口的第一语言是英语而不是汉语,我也纳闷了很久。我想了想,这应该和我们搬到香港的时间节点有关。离开了汉语语境,我们又请了一位只说英语的菲律宾阿姨照顾孩子。阿姨加入之后,在孩子的语言环境中,中文的比重显然就不够大了。两种语言在孩子的大脑中神奇地博弈，最后英语占了上风。当孩子开始说话后，在香港的学校和社区里人们也多用英语回应，这也强化了刺激。就这样，英语成了孩子的第一语言。然而客观地说，我这半年的中文"独角戏"一点儿也不是白费工夫，在此后的中文学习中，和其他国家的孩子相比，他们显然轻松很多。

自从孩子开始开口说话，我的"表演"生涯就又加料了。首先，"单口相声"变成了"对口相声"或"群口相声"。这个阶段的我，开始设计故事，和孩子们互动，逗他们开口说话。最有效的方法之一就是填空游戏。先多次重复讲一个孩子们最喜欢的故事，直到他们都耳熟能详。再次讲这个故事的时候，我开始故意藏一些词，只说半句话，把最精彩的部分情节，变成填空题，让孩子们自己回忆那些词来填进去。这个游戏很受欢迎，每天晚上睡觉前，在孩子们的小床上，我们三个能玩很久，直到一起进入梦乡。一段时间后，孩子们的语言能力突飞猛进，词汇量猛涨，而且他们的单字期很短，很快就开始说长句子了。

等到孩子们3岁，进了香港的幼儿园，我也果断地走出家门重新工作。我选择了教中文，收入不高，但时间灵活，还能接触很多可爱的小朋友，这份工作很适合我。经过一段时间的努力学习和考试，我家客厅的小课堂闪亮开课了。我的课程主要是课外辅导，就是对外籍学生的中文课后辅导，每天都会有可爱的外国小孩来学习中文。

当了语言老师以后，我更加明白了规律性的语言刺激的重要性。我的学生大多数在国际学校就读，且香港没有普通话语境供他们练习,所以他们的普通话近乎零基础。于是,我设计了一套简单的普通话日常问候和对话系统,与所有的学生用中文问答互动。刚一开始,每天都是"翻车"现场,孩子们基本上全靠猜。坚持了一段时间,孩子们居然渐渐都能猜对了,再过了一段时间,他们的耳朵终于被"话痨"老师征服,能用有限的一些中文词汇跟我简单对话。并且孩子年龄越小,这个方法效果越好。不过即便是过了最佳敏感期的中学生,经过几次练习,也可以起效。

在这些学生中,有一个7岁的香港男孩杰尼引起了我的注意。因为在我的学生中,香港学生并不多,基本上外国学生更倾向于学普通话,而香港孩子一般都说粤语。他是为数不多的被父母送来学普通话的香港学生之一。还有就是他的英语谈吐非常文雅,会用大量的书面词汇,比很多英语母语的小孩都要地道,比如ridiculous(荒谬的)、tremendous(巨大的)等此类一般孩子不太用的词语,他常常脱口而出。有一天,我和他的妈妈聊了一会儿,找到了答案。

杰尼的妈妈是哈佛毕业的高才生,在银行工作,他刚出生时妈妈太忙,没有亲自照顾他。到了3岁他也不开口说话,而且非常怕生爱哭,一度被幼儿园老师建议看心理医生。妈妈毅然辞职,开始全天候教护(在香港的银行工作待遇优厚,妈妈却能说放弃就放弃,笔者在此要盛赞一下母爱的伟大)。有意思的是,这位妈妈也采取了和我一样的"话痨独角戏"策略:每天和杰尼在一起,使用定向输出语言的方式,而且有意用书面词汇。不到一年,杰尼顺利开口,也喜欢交朋友了。现在他不仅谈吐优雅、成熟,而且理解力特别强,喜欢写东西。有一次下课后，我无意中听见了杰尼跟他妈妈关于一篇学校历史作业的对话，相当有意思：

"杰尼，我看你的历史作业了，我认为你写的那段关于美洲原住民历史的内容非常棒！"

杰尼受到夸奖很开心，开始跟妈妈讲自己写文章查资料时的发现。妈妈就趁机开始"引申"，跟杰尼聊起了美国西部淘金热的故事，杰尼说，那个内容不是这周历史课要学的，是下周的内容。妈妈马上说："真巧！那我们回家可以翻翻这方面的书，还有几部关于那段时期的影片可以在周末挑一部看看，你爸爸最喜欢的是那部《西部往事》（名字记不太清）。如果你愿意，也可以写一篇西部牛仔的故事出来，好不好？学校不打分，只作为本周的一个家庭项目，写得好的话，下下周的郊游，可以由你来选择去哪里。"杰尼欣然同意，高高兴兴地跟妈妈回家查资料去了。

一场关于下周历史课的预习动员，就在五分钟的时间里水到渠成了。杰尼妈妈其实性格很强势，但是和孩子说话的时候，表情和语气却总是轻松而欢快，仿佛在和银行大客户交

敲黑板4

在接纳和肯定的氛围里与孩子进行沟通，效果肯定比训斥要好。即使孩子有不同意见，我们也可以利用话术可以扭转气氛。杰尼从爱哭害羞变得阳光自信，妈妈的接纳和陪伴不可少。性格强势的哈佛妈妈，用高情商的沟通方式，对孩子产生了终身影响力。在有些方面，别把孩子当孩子，父母自身的高度，就是孩子的起点。

谈。这种高端沟通术，她天天都在使用。我毫不怀疑，有这样的妈妈，杰尼今后的沟通能力和口才一定差不了。

1.3 讲故事攒情商：便宜又奏效

孩子开始说话以后，家长的日常教导就该提上日程了。

很多家长吐槽孩子从小不听话，喜欢乱跑、不注意安全，又或者脾气不好、喜欢打人。还有一种"熊孩子"，专门做"惊世骇俗的大事"。记得有一次新闻上报道，有个孩子走亲戚时"血洗"了主人家小姐姐的化妆台，用昂贵的口红涂了半面镜子，最后当然是"斩"了老妈的钱包。孩子在成长过程中，种种淘气的行为确实够父母们喝一壶的。父母感受最糟的时期似乎都集中在孩子上学前后。虽然教育专家都提倡家长应适当尊重孩子的自主愿望，但是对家长来说，在孩子尚小的时候，显然是很难做到让他们完全自由成长的，该怎么办呢？

那当然是温和引导。父母讲的故事，就是最好、最自然的引导工具，也是父母保护孩子的思想不被外界负能量侵蚀的"预防针"。

既然是"预防针"，就需要稍微提前一点开始。在孩子刚刚开始说话（3岁左右）的时候，孩子最喜欢什么呢？当然是听故事了！3岁的孩子最累人，天天缠着你，甩都甩不掉，他们要什么呢？当然是要你陪他（她）玩，要听故事。这时候的孩子，就像永远吸不满水的海绵。但是，亲爱的家长们，如果你想让孩子大一点时听父母的话，按照你的期望生长，那么这时千万不要怕累，时不我待，事半功倍的转机就在这里。方法很简单：讲故事，讲故事，还是讲故事！

把你想告诉孩子的关于真善美、学习、成长、健康、安全，乃至人生的哲理，都尽情地编进故事里讲给孩子听吧！孩子越小，给孩子讲故事的难度越低。你既可以照搬你小时候听到的经典故事，也可以把你最近看的某个剧情编成童话，加几个仙女、骑士、小动物，一股脑儿讲给你面前的"小脑袋"听。在故事里，你可以尽情植入你对孩子的期望。例如，孩子厌学是每个妈妈的噩梦，你就编一个魔法学校的故事，学校里有神秘好看的魔法书可以拯救世界，还可以与好朋友和有趣的小动物一起学习和探险。或者编一个勇敢的小孩子探索宇宙的故事，这个小孩本领好大，他造了一艘宇宙飞船去访问火星了。孩子喜欢什么，你就编什么。妈妈的故事里有全宇宙最靓的仔和最聪明的妞，千万别不好意思，只要故事里植入了你想让孩子明白的道理，那就天马行空，尽情发挥吧！反正等到孩子慢慢长大，开始对你的故事和表演产生隐隐的怀疑时，他们早就被你成功"洗脑"：大多数你想传达给孩子的思想和知识，已经成为他们的潜意识了。

通过讲故事，我循序渐进地对孩子们进行开智和语言启蒙，渐渐地，他们开始自发地在听说和视觉上，对我编的故事产生很多回应。一般我晚上讲的故事，第二天两个小家伙就会自发地画出来。

这是托马斯5岁的时候根据我讲的一个城堡故事画的插图，线条还很简单

这是托马斯8岁时根据我讲的小鱼跳龙门故事而画的龙吸水（龙卷风），线条和构图都更加细致了。现在每当看到天气预报的气象云图，他还会说："小龙又吸水了！"故事让世界在孩子眼里变得更加生动有趣

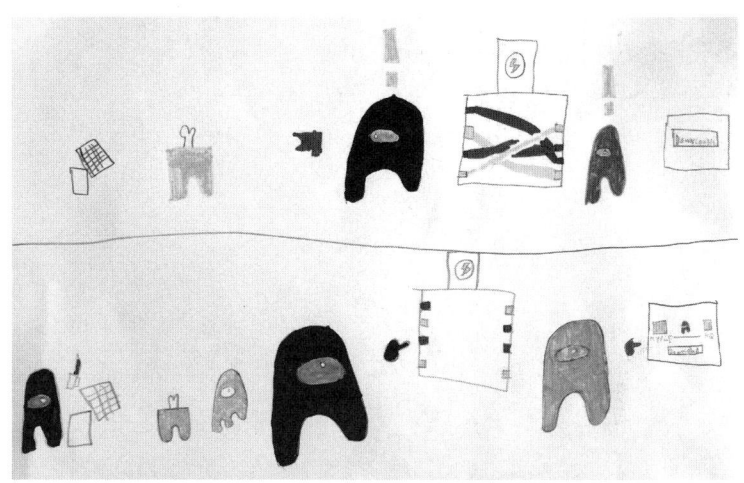

这是阿莱克斯 8 岁时给我讲的一个完整的电子游戏的故事（一个推理类破案游戏，类似小型剧本杀），图中每个人都在解释自己的不在场证明

读到这里你可能会问，如果家长的想象力不足呢？不是每个家长都会编故事啊！没关系，那就欢迎你加入我家"故事会"的反方阵营——小马阵营。让小马这个耿直理工男编故事，无异于赶猪上树。眼见着孩子即将被妈妈用花式中英文"洗脑"成功，他的法语快被"逼退"了，小马也被迫"营业"，开始给孩子念——绘——本！

我对孩子爸这种顽强的法兰西精神表示非常鼓励，然后就开始旁观。经过了第一局给孩子灌耳音时他的表现，我完全不相信他叽里咕噜念的法语绘本，会比得上妈妈绘声绘色的精彩故事。

没想到的是,小马的法语"天书"坚持了一段时间后,孩子们居然开始对很多法语词汇有了回应。很快,亲子绘本阅读取代了我的现编故事,成了孩子们睡觉前的重要活动。我常常留意他是怎么读的,我发现孩子爸读绘本不是照本宣科,而是有侧重地阅读,有侧重地表演。温和"洗脑"大多会在你侧重的那一部分细节里实现。同时父母的阅读习惯会为孩子做出示范,为孩子今后自主阅读打下基础。

坦率地说,小马胜利的背后,法语绘本和漫画书给孩子构筑起的视觉系统功不可没。和很多欧美国家一样,法国也是个阅读成风的国家。孩子们到两三岁时,开始用感官探索世界的时候,家里为孩子准备最多的东西,就是色彩斑斓的故事书和漫画书。长辈们逢年过节或者生日,送给孩子们最多的也是书。这里的家庭周末常去的地方,除了咖啡馆、餐馆,就是书店了。法国的原创动漫产业非常发达,各种各样的漫画书、故事书几乎占据了图书市场的半壁江山。同时,法国孩子的玩具也和他们的阅读内容基本呼应,各类动物、人物、职业、故事角色……都能在玩具店找到相应的公仔或玩具,很多漫画书无缝对接玩具周边，让孩子们在开口说话之前，已经可以用各种可读可触的艺术符号和形象构建周围的世界。

法国的动漫图书分类很细，适合多半孩子阅读，其他则内容升级，包罗万象。正是因为这种文化氛围，法国成人和儿童的平均阅读量都很大，从每页只有一两个单词的低幼儿童故事书，到印有浅显文字的故事书，一直到成人阅读，这种阅读习惯一直是课堂学习的有力支持和额外补充，成为很多人终身的精神家园。比如我家小马哥，是个骨灰级书虫，他之所以这么自信能在"故事大赛"中扳回一局，大概就是因为有书房里那满满六七个书架的法语书籍给他撑腰吧！

另外，仪式感也是一个很好的记忆催化剂。小马很注意睡前气氛的营造。每天晚上小家伙们无论有多兴奋，一到睡觉时间，都会去书架挑一本自己最喜欢的书。因为每天只念一个故事，所以兄弟俩如果意见不一，就轮流决定。选好后他们一边一个坐在小床上，眼巴巴地坐在垫子上等着爸爸，翻开厚厚的故事书，开始用法语跟孩子们手舞足蹈地讲故事。这中间有一点很奇怪，起初的单字故事书主要靠对话问答，爸爸的语速还算正常。后来我发现，爸爸念故事的速度越来越快，几乎和成人交谈的语速相当。我看不下去了，于是我和他有了如下对话：

"你念得那么快，孩子听不懂的！不要糊弄他们哦！"

"没事，他们懂。他们正跟着我的手指瞧呢！"

"我都没懂，他们怎么可能听得懂？我看你就是想糊弄他们上床睡觉吧？！"

"孩子们会听懂的，你别操心了……对了，你多久没说法语了？嗯？要不今晚我们一起看个法语影片？"他的门牙在灯下闪着"贱贱"的光。

我瞬间怂了，愤愤而逃。

就在我坚信孩子们的法语肯定要被这个潦草爸爸带进沟里的时候，小家伙们居然很快就开始用笨拙的法语回应了，真让人大开眼界。

敲黑板5

> 早期语言和认知教育可以先通过玩具潜移默化地营造一定的氛围。唤醒五感的认知系统比单纯的听觉刺激起效稍慢，但是非常稳固。同时，可以适当挑战孩子的理解力，别把孩子当成孩子，因为他们的理解力正在飞快增强。

其实早在我发觉之前，法语对孩子的熏陶就已经通过无数视觉元素传导过来了。先是那些法语绘本和玩具。法式风格的故事书，总是带着浓浓的治愈感和笨拙的童真味道。而和五花八门的故事书呼应的，还有一种叫嘟嘟（Doodoo）的柔软的入睡公仔，一般都是软萌的小动物或者故事人物。法国小孩从小就喜欢抱着一个最爱的嘟嘟入睡。再是大大小小的节日时的礼物。从孩子一出生，每年圣诞节或孩子生日前夕，远在另一个城市的孩子奶奶，总会郑重其事地寄来很多新奇好玩的玩具和儿童故事书。每次来我们家聚会，无论时间长短，奶奶都会耐心地，一遍遍地翻开那些书，向孩子们讲述那些书里可爱的动物和故事。等奶奶走后，孩子们已经非常熟悉和喜欢那些故事和图画，经常和书本玩耍（有时是啃咬）。就在这个过程中，

孩子们渐渐熟悉了那些物体和词语的联结,接受了法语最初的图像映射。所以,当爸爸开始快速讲述那些他们已经熟悉的图画时,小家伙们居然能笨拙地重复单词,并要求爸爸重讲某一部分。这一实践再一次让我明白,多语言训练,是可以创造奇迹的。别把孩子当成孩子,他们的小脑袋们可是一台台等待我们升级加速的小小超级电脑呢!

另外要强调的是,儿童自主阅读是很好的习惯,但不能完全取代父母和孩子的亲子故事时间。很多低幼图书,会提示建议父母和孩子一起读。有一次,亲戚送了一本很有意思的关于龙和骑士的故事,里面有很多精美的故事配画和几十个不同时代和国家的龙和骑士的故事。因为故事很精彩但也有些复杂,需要家长讲给孩子听,所以作者特地在扉页上幽默地写了一句:"喜欢龙的爸爸不要光顾着自己看,请大声读给你的孩子听。"

在给孩子们讲故事的时候，我发现了另一个有趣的现象。孩子们往往会对故事情节复杂的故事产生更加浓厚的兴趣，他们会问很多问题来消化理解故事，如果父母可以顺着话题跟孩子们讨论，那么这就抓住了培养孩子情商的最佳时机。

有一次，孩子爸爸给他们读了一本故事书，讲的是一只大灰狼在森林里到处惹祸，欺负小动物。直到最后有一只兔子送给他一条暖和的红色短裤，大家才发现大灰狼脾气暴躁是因为屁股太冷。穿上了红短裤的大灰狼变得很开心，再也不欺负别人了。

这个故事让我们大笑起来，然后阿莱克斯忽然问我，妈妈，是不是所有的坏人都是因为屁股冷啊？我跟他说，很多人欺负别人，是因为他们自己不开心，不开心的时间久了，就会形成这种负面性格。所以我们一定要把不开心的事说出来，并且解决掉，不要藏在心里。阿莱克斯若有所思，忽然说：

敲黑板6

孩子不听话？亲子故事是很好的"预防针"。孩子的年龄越小，故事的心理暗示能力就越强。一定要充分利用孩子爱听故事的窗口期，大胆植入想让孩子接受的观念。例如，灌输上学好的理念，因为学校里有最酷的魔法书、最好玩的小伙伴。又例如，讲太空旅行，让孩子们自己造一艘太空船，诸如此类，什么奇幻编什么，千万别不好意思。这样的故事听得越多，孩子在成长过程中就越自信，思想就越活跃，也会更有探索精神。

"哦！我知道了，上次有个家伙趁我系鞋带把我推倒在地上，还凶我，他肯定也是屁股冷吧！"就这样，一个故事居然帮助阿莱克斯对一次耿耿于怀的不愉快经历释然了，而这件事他之前压根没告诉过我们，毕竟男孩子可不是事事都拿出来分享的哦！

除了学习语言、培养情商，故事更是提升孩子幸福感的简单魔法。在他们还未完全打开的视野里，不仅仅只有父母和身边人，还有色彩斑斓的故事里，勇敢的骑士、善良的仙女、可爱的小动物……常听故事的孩子内心世界会更丰富，各种偏差行为就会大大减少。

1.4 培养仪式感：为语言加"糖"

客居香港那几年，在多语言环境的影响下，孩子们的语言中枢逐渐被激活。为了得到零食糖果和乐高玩具，以及一切通过"卖萌"可得的东西，他们灵活地跟爸爸说法语，跟保姆和学校小伙伴讲英文。有时为了让妈妈心花怒放，或者为了在视频电话时得到外公外婆的夸奖，他们就即兴"飙"出"我好想你！我爱你啊！肉包子好吃！！我比弟弟（哥哥）乖！"诸如此类求生欲满满的"中式卖萌"，感情充沛、声情并茂。我和小马的"中法语言友谊赛"，至此算是打平了。

时间一长，我们都有点放松，因为小区里的居民来自各个国家，基本上人人都说英语，所以孩子们说英语的时候最多，我和小马也常在家里偷懒说英语。家里一片祥和，谁都没留意孩子们的中文和法语开始止步不前了。

这种表象，终于随着小马的母亲——我婆婆的圣诞节到访而被打破。我的婆婆是一位非常洒脱可爱的法国老太太，退休前是大学教师。小马的父亲早逝，她独自带大了两个儿子，令人钦佩。我和小马结婚，很爽的一件事就是不用担心电视剧里那种一地鸡毛的婆媳关系，不仅因为我们前期不在法国居住，也因为法国父母尊重孩子的独立性，年轻夫妇和长辈互不打扰。除了每年去婆婆居住的城市共度圣诞，其余时间我和小马玩玩闹闹，自营小家，养育孩子。婆婆则享受着充实的退休生活，弹钢琴、学英语、做园艺，到处旅游，从世界各地给我们寄来各种漂亮的明信片，我的婆婆简直就是我们未来退休生活的楷模。

婆婆说，这次来过圣诞节，希望和我们多住一段时间。因为中国与法国远隔重洋，我们每次探亲离开时，婆婆都眼含热泪，不舍幼小的孙辈们。这次她暂停自己的旅游日程，主动要求多住些日子，我们自然是很欢喜。不过，虽然婆婆从不干涉我们的家务事，但我还是收敛了很多，比如教子时更加和颜悦色，再气都忍着，不能对熊孩子发飙，更不能明目张胆地拳打"猪队友"；再比如周末没人做饭，我不敢再用冰箱里的剩比萨打发全家了，还现学了几道中国菜，偶尔给婆婆一个惊喜。小马吃着我的爱心料理还不忘"拆台"："这是什么？挺好吃的，以前你怎么不做这个给我吃？"

圣诞节后，我们就开启了一家五口一日三餐的混乱模式。

婆婆的到来，带来了很多改变。首先改变的就是语言环境。小家伙们被要求一直说法语，有时候他们一着急就狂飙英文，婆婆是听不懂的，孩子爸也佯装听不懂，孩子们只好用不熟练的法语重新说一遍，像极了小时候被英语逼疯的我……没多久，家里的法语逐渐"收复失地"，甚至还略占上风，我也老老实实地翻开落灰了的书本，开始恶补法语。婆婆喜欢找我聊天，兴致勃勃地跟我讲很多小马的童年糗事，为了能收集到更多小马当年的"黑历史"，我学法语的动力也增强了。就这样，我家的法语阵营迎来了一位实力强劲的"大法师"，当年全天播放的法语儿歌和爸爸的口水唠嗑都没打赢的"法语渗透战"，就这样被婆婆温柔地扭转了局面。

婆婆的到来，也微调了我们的一些生活作息，比如晚餐时间。平时我们一家四口的晚餐时间不一致，孩子们放学后最先到家，已经饥肠辘辘，保姆会提前做好晚饭，孩子们洗了澡就吃饭。我和小马迟一点到家，喜欢边吃饭边刷手机或追剧。而传统法国家庭的晚餐是在晚上八点左右，为了适应婆婆的生活习惯，我们也改到了晚上八点一起吃晚餐。好几次孩子们在晚饭前饿了，想"打劫"冰箱，就必须先过奶奶这一关。婆婆对孩子们说话很温柔，却有着说一不二的权威。于是，我听到了这样的对话：

"奶奶，我饿饿饿，我要吃蛋糕！"

"我的小狼崽①，我们晚一点就吃饭了，蛋糕太腻了，你可以吃一个苹果。"

---

① 小狼崽，是法国人对孩子的爱称。

"不要，奶奶，我要吃蛋糕！为什么我们现在晚饭吃得这么晚？"

婆婆耐心地解释道："因为爸爸下班晚，妈妈也要上课，我们要有耐心，等大家都回来一起吃晚饭，聊聊我们的一天。这是一天中最美好的时刻，不能急哦！"

婆婆的话，难缠的小家伙们居然听进去了。经过一番讨价还价，阿莱克斯拿了一个橘子，托马斯拿了一盒酸奶，高高兴兴地走开了。

经过一番努力，我们的晚餐从此变得很有仪式感，大家都规规矩矩地坐在桌前吃饭。一开始，已经被保姆喂养惯的孩子们不适应，特别是托马斯，不等大家坐齐，看到好吃的就上手，或者没吃完就不见了人影，需要我们把他拖回来。婆婆总是笑眯眯地把食物放回去，告诉他，餐桌礼仪是不能提前开动，要做一个小绅士。折腾了一段时间以后，孩子们习惯了，我们也爱上了晚餐时刻。忙了一整天，夜幕降临，能够看着彼此的脸，聊聊一天的趣事，还能让孩子们即兴总结一下今天是在努力学习还是在努力捣蛋。小马说他似乎又找回了小时候和一家人坐在桌前欢聚的记忆。而对我来说，自从孩子出生，我们的二人世界被大大小小的琐事分割成了碎片，也很少享受这种其乐融融的时刻。仪式感真的是一种很奇妙的东西！它似乎不是生活必需品，却能迅速提升幸福感。

婆婆回去以后，我们把这个晚餐时刻的习惯继续保持了下来。此后的晚餐桌上，孩子们的想象力总是和胃口一起"放飞"，我们可以听到很多他们对学校或身边发生的一些事情的评论，脑洞相当新奇。我的收获是，即使生活忙碌，也需要保

> **敲黑板7**
>
> 在孩子成长中，不同文化的交汇，对拓展孩子的思维是一种鲜明且积极的刺激。可以借用一点仪式感，让孩子学习不同的文化和语言。孩子丰富的想象力和对新鲜事物的天生好奇心，会让多语言学习更加顺利且成效显著。这种仪式可以是一顿饭、一个游戏、一个节日，等等。这些仪式不但有利于孩子的语言学习，还会给孩子带来多层次的成长空间。

留一点仪式感，与家人特别是孩子们分享生活，比如晚餐桌上的一两个小时里父母与孩子的谈话，伴随着美味的晚餐，会成为孩子们成长的珍贵记忆。

第 2 章

守护探索期：欢迎加入"家庭迷你王国"（5~7岁）

孩子们长到5岁左右，在家人爱的滋养下，个个精力充沛，动作迅捷，好奇心爆棚，基本上没有什么可以阻止他们"上房揭瓦"。而这一阶段，他们的认知还比较懵懂，对危险和道德的概念都很模糊。因而这个阶段对于父母或监护人的体力和耐心都是一种挑战。

有趣的是，在西方社会，其实并不常看到父母追着精力充沛的孩子"疲于奔命"，究其原因，就是西方家庭教育里有一个很重要的概念——边界。我对这个概念的理解始于一个发生在我家日常生活里的小插曲。

2.1 建立边界意识：爸爸的"山洞侵略保卫战"

在孩子们快5岁的一天，一向对孩子们温柔有加的爸爸沉下了脸。

因为哥儿俩那天下午钻进爸爸的书房，把爸爸珍藏的一书架的限量版漫画书，全部摊在地板上进行了一次筛选：所有封面上有车的漫画书都归哥哥阿莱克斯，所有封面上有飞船和动物的漫画书都归弟弟托马斯。兄弟俩"分赃"完毕，就用剩下那些谁都不感兴趣的大部头摞成凳子，坐在上面读了一会儿封面，然后发现了爸爸最爱的乐高玩具——《星球大战》中的死星，并且成功"击败"了这个邪恶的大家伙。我们都不在家，看管孩子的保姆还没来得及把一切复位，爸爸就下班了。看到一地狼藉，小马不由分说地把兄弟俩拎到儿童房墙角，一人"赏"了一个加长的time out①，还宣布晚餐后他们俩谁也没有果汁冰吃。

我一回到家，就看到哥儿俩一脸蒙，求生欲满满地等着我，正在埋头收拾书柜的小马更是火药味十足，被我一问，就

---

① time out，其实就是罚站或者面壁思过的委婉说法。

打开了话匣子。他先是对保姆一直快手快脚帮哥儿俩打扫"战场"表示极度不领情。然后看着我，开始了他的灵魂拷问："是不是你老瞒着我让他们为所欲为？！"

我听了很不服气，心想，真是什么事都能赖上当妈妈的啊！不过看到地板上那"惨遭击败"的死星，此刻我肯定得面露同情，当然更不会坦白这并不是兄弟俩第一次闯入爸爸的书房，只是第一次被他抓现行而已。

我家的书房是小马的"山洞"（man cave），西方家庭讲究私人空间，所以有时候会开辟一个空间专门作为家中休闲空间，统称"man cave"，词义借自山顶洞人藏身的山洞，即装潢简单的个人空间，但收纳着书籍、各种收藏品等个人心爱之物（其实这里也是我的手工制作室，因为香港的居住成本高，我的工作区只好屈居书房一角）。我家的"山洞"是书虫风格，除了几大书架的漫画书，还有很多限量版的乐高玩具，简直就是一个超龄大男孩的乐园。对孩子们来说，这里也是家里除厨房之外唯一的禁区。

孩子过了3岁以后，小马一直在念叨，要帮孩子们建立边界意识，不能让他们为所欲为。而我一是没时间，二是哥儿俩在家里胡闹之后，总有行动利索的保姆迅速帮他们"消灭罪证"。现在孩子们越来越大，破坏力日渐增强，看来建立边界意识必须提上日程了。

那天我去抱了抱小哥儿俩，安慰了一下，然后告诉他们，爸爸书房里的漫画书，不是给孩子看的，里面有很多暴力恐怖的内容，小孩子看了会做噩梦。而乐高玩具一旦弄乱，恢复起来需要很多时间，这样做会给爸爸制造额外的麻烦。我对小哥儿俩说："你们已经有那么多自己的乐高玩具了，'死星'是爸爸最心爱的，你们弄坏了它，爸爸很伤心！我相信你们不是故意的，现在应该怎么办呢？"兄弟俩含着眼泪去跟爸爸道歉，最后以爸爸大大的熊抱，结束了这一场"山洞侵略战"。

这件事成为我家建立边界意识的开端。这个时期，对孩子的边界意识训练并不太复杂，因为从小幼儿园和家里都已经引入了面壁思过这种警告手段，一旦需要面壁，孩子们就条件反射地知道做错事了，信号很明显。

小马很少对孩子发脾气，所以那个难忘的下午对孩子们来说印象深刻。此后很长一段时间，书房一直是孩子们的禁区。又过了一年，他们6岁多了，才慢慢被允许自由出入书房，但不可以碰架子上的书和乐高。更重要的是，孩子们知道要尊重别人的物品了，如今11岁的他们，未经允许，不会碰我们的手机或平板电脑。后来我还以此为契机，给他俩一人一个大塑料箱子，让他们收拾自己的玩具，不要每次都麻烦保姆。哥哥阿莱克斯很快上手，他从小就喜欢收拾东西；而弟弟托马斯丢三落四了一段时间，被提醒了几次后也渐渐养成了收拾的习惯。我经常准备一些色彩鲜艳的大小储物箱，让孩子们把箱子当成另一种玩具，培养他们生活的条理性。

无独有偶，有一次孩子们去另一个澳大利亚小男孩布卢斯家玩，晚上我去接他们时，听见刚下班的女主人正在低声而严厉地教训自己的孩子："布卢斯，妈妈平时跟你说过什么？"布卢斯惴惴地说："不能进妈妈的卧室……""对！卧室属于妈妈的私人空间，你不可以闯入！我希望下次不会再发生这种事了，好吗？"

原来玩得兴起的布卢斯溜进妈妈的卧室，在松软的床上蹦了几分钟。我赶紧问阿莱克斯和托马斯是不是也进入卧室胡闹了，阿莱克斯说："我们没有进去，我还问了布卢斯'你确定可以进去？'，他让我们进，我们没进去，那里看上去就不太好玩的样子！"

我这才松了一口气，后来布卢斯妈妈告诉我，因为她是单亲妈妈，而那段时间在约会，所以就在家里划定了一个卧室的永久禁区，无论有人没人，都不许进。其实她也是为了让自己的私人生活和布卢斯的成长不相互影响。

与传统东方家庭的亲密相比，西方家庭中的边界意识非常清晰。体现在家庭教育中，就是为孩子旺盛的探索欲建立安全的边界，确立规则，温和地纠正偏差行为。边界的适用范畴非常宽泛，每个家庭里对边界的定义也不同，既可以是指空间边界，也可以是指行为边界。比如不乱穿马路，不动手打小朋友，按时完成家庭作业，周中不玩游戏，等等。

按照孩子的成长时间线，各种边界在孩子的意识中逐步明晰，如下表所示。

边界意识的建立顺序

年龄	各种形式的边界感知和强化（部分）
4岁前	固化自我，区分你/我/他，情绪感知和控制，树立善良、友爱等美德
4~6岁	培养自理能力，遵守规则，确立安全/道德边界
6~10岁	培养良好的生活习惯，健康的生活方式、高级的安全意识、独立学习等
10岁以后	感知伦理，明确各种高级目标、挑战，培养进取心等

需要注意的是，边界与自由是密不可分的。有边界，就一定也要给孩子一定的自由。考虑到孩子的天性，我们必须帮助他们建立边界意识。让他们遵守边界并不难，但需要借助一点正念思维。

在具体阐述正念—边界—舒适系统之前，我们先来了解一下什么叫正念。"正念"早先是一个佛教术语，后来被广泛应用于心理学。正念的特性是对当下事件和经历的一种接受性的注意和觉察。也就是说，正念鼓励我们感知和接纳，运用在家庭教育中，即以一种积极的心态去看待孩子的行为，并跟孩子沟通。我们用一个例子来说明，比如，孩子想看动画片，妈妈却想让孩子做作业。于是，可以有以下两种方式来表达。

方式1："看什么动画片？做作业去！"

——孩子感知到的是拒绝，妈妈不想让自己开心，只想让自己做作业。

方式2："宝贝，我建议你先去做作业，这样一会儿看动画片时你也更安心啊！"

——孩子感知到的是妈妈的支持，妈妈想让自己开心。

以上两种不同方式，想必大家都能感受到区别吧！方式2就有正念思维的火花。当然，这只是一个简单的例子。父母的正念思维，就是先接纳孩子爱玩的天性，再用父母更长远的眼光和更深层的智慧给予支持，让孩子既可以开心，又不偏离成长的正途。

所以，我们设定边界，不是为了改变孩子的天性，而是为了帮他们遵守安全规则或者基本道德准则。我们要确保孩子在遵守了边界之后，会得到最大限度的自由。整个过程，就像在

敲黑板1

设定边界，不是为了扼杀孩子探索的天性，而是为了安全、道德或维护家庭权利均衡等，所以边界的设定要以正念思维为导向，即默认和接纳孩子的探索天性，设定边界时最好也要赋予孩子某些相应的自由。比如，如果某个房间不能进，那么家里其他地方就设置为适合孩子探索的安全友好区域。如将客厅或孩子的卧室设置成自由活动区域，并且根据孩子的喜好安排户外活动，让他们的精力有机会释放，这样他们才更加容易遵守边界约定。

和孩子做一个约定，只要孩子不逾越特定边界，世界就都很安全、很自由，可以随意探索，得到最大的快乐。这才是设定边界的目的。这种逻辑一旦被孩子接受，就会引领他们整个成长道路，为他们建立起基本的规则意识，并且让他们开始形成自己最初的舒适系统。这就是初级的正念—边界—舒适系统。

边界并不是一下子全部禁止，而是有时间动态和演变过程的。由简单到复杂，由容易遵守到需要磨炼意志力来坚守。对于有些孩子难以长期遵守的边界，我建议父母应该做一些疏导工作。例如，有的孩子喜欢玩火或者损坏玩具，这些行为有危险性，必须控制。但行为本身的出发点并没有对错，是孩子喜欢探索的天性。对此，我们可以为孩子在幼儿园或者家里有意安排一些有安全保护措施的、有成人监督指导的实践活动。例如，和妈妈一起烤蛋糕，或者帮爸爸露天烧烤或者修剪花草，或者为喜欢动手的孩子报一个培养动手能力的陶艺课。帮助孩子去安全地探索某个想要逾越的边界，说不定能发掘孩子惊奇的天赋，使其成为孩子的特长。

敲黑板2

正念—边界—舒适系统里的边界，应符合以下几个特点：

（1）定义清晰且符合孩子的成长阶段，容易遵守。

（2）边界数量不宜多，而且只有最重要且需要长期坚持的规则才适合设为边界。比如，孩子不小心把食物掉在了地上，父母可以提醒孩子，但不必作为边界来强调。但"吃饭时禁止到处乱跑"，就可以作为一种边界，因为它的危害更大，且是孩子的自主行为。

（3）对孩子温和耐心地解释每条边界应被遵守的原因，让他们理解其中的意义，是一种很好的教育和知识积累方法。

2.2 家庭迷你王国的关注力分配

在家庭里，其实边界并没有那么神秘。我们对孩子也有各种各样的规定，不同的是，我们常常忘记向孩子解释原因。真正的边界，必须具备清晰的设立原因，比如安全，比如道德，又比如家庭权利的对等。我们在为孩子设立边界的同时，一定要清楚地说明原因，孩子在对原因的理解和接受过程中，会进一步了解什么是均衡的家庭关注力。

家庭关注力，这是一个非常有趣的概念，也是中西方教育观中一个重要的不同点。现代中国家庭出于对孩子的关爱和巨大期待，总是习惯将孩子的需求放在首位，这虽然无可厚非，但往往会让家庭关系走进边界意识淡薄的怪圈。

心理学家早就指出，在家庭教育中，关注过多或过少，都会造成孩子的心理失衡。

关注过少，孩子为了引起更多的关注，容易采取叛逆行为，或变得自卑，造成很多行为偏差和家庭关系的疏离与错位。

关注过多，更不是好事。来自家庭的过多关注或者父母的过高期待，会给孩子造成巨大的心理压力，心智尚稚嫩的孩子容易产生焦虑、冒进等情绪；又或者受到过多关注的孩子，容易过于自信甚至自私，抗打击能力差，长大后容易出现社交障碍。

在西方主流社会里，家庭更像一个迷你王国，父亲、母亲和孩子，在家庭中处于基本对等地位，都有各自的权利和义务。而维系这一体系平衡的，就是各种各样的边界，如个人空

敲黑板3

家庭关注力是指对家庭成员个体的关注和支持力度，包括财务、关照和时间等资源分配倾斜程度的量化或非量化指标。家庭关注力也体现了家庭内部权利的分配。对于孩子来说，家庭关注力是一把双刃剑，关注过多或者过少，都会造成孩子的心理失衡。关注过少容易造成叛逆或偏差行为，关注过多则容易造成孩子性格缺陷，如自私、焦虑，或者出现社交障碍等。

间、财务边界、礼仪边界等。家庭关注力,也是向各方平均分配,并不过多倾斜到孩子身上。这样做的意义是,孩子早早就明白,自己会得到父母无条件的爱,但不是全部的爱,父母也有自己的生活需求和精神空间,同时父母也希望从孩子那里得到爱。在这种氛围里长大的孩子,心态健康,懂得权利和义务对等,具备基本社交能力和爱别人的能力,情商较高。所以在家庭关注力这个话题上,当今主流教育界大多比较倾向于西方家庭的关注力分布方式。如果我们将东西方家庭做一个横向对比,孩子父母作为家庭决策和管理主体,他们的注意力和家庭资源的分配比重会有一些不同,如下图所示(假设家庭关注力满分是50分)。

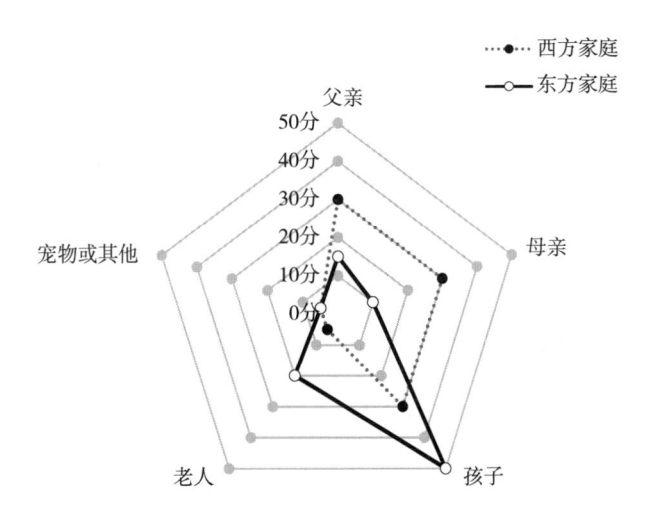

东西方家庭的家庭关注力差异

2.3 不行就是不行!

一旦设定了边界,父母就需要鼓励孩子严格遵守,不能越线。然而孩子的天性并不是以父母的意志为准的,他们天生喜欢探索,不仅探索世界,孩子也在有意无意地试探父母的底线。在他们的小脑袋里,也许时不时会冒出一个念头:"妈妈(爸爸)这么爱我,虽然她(他)说不可以,如果我再坚持一下下,如果我再表现得可爱一点点,说不定她(他)就会答应了?"

有时候,面对孩子那纯真或者热切的面孔,拒绝他们真的不是一件容易的事,不是吗?又或者,当孩子开始哭闹时,为了息事宁人,或者精力有限,有时父母会默许他们逾越边界。

敲黑板4

越早为孩子设定边界越好。因为边界越早设定,越容易内化成孩子的习惯。但是,对已出现行为偏差的孩子设定边界,任何时候都不算晚。当孩子面对越界的诱惑时,为了试探父母的底线,他们会进行各种尝试。越是这种时候,父母越要温柔而坚定地守住边界,对孩子说"不"。孩子的情绪越激动,父母越要稳住情绪,冷静且坚定。这时候,要以安抚或者冷处理孩子的情绪为主,训斥只能起反作用。

在这里需要强调的是，边界如果被轻易逾越，那么下一次边界一定还会受到挑战。因为边界被逾越对孩子大脑的刺激，比边界被遵守对大脑的刺激要强烈得多，所以，他们会下意识地重复这种强刺激的行为。所以如果父母轻易妥协，那么为了安全或者规则设定的边界，就会被一次次挑战，直至荡然无存。

在西方家庭教育中，有两种观点：一种是对孩子说"不"，另一种则主张避免对孩子说"不"。我更倾向于第一种，因为边界的设定，就是把某些"不"具象化，给予孩子刚性保护。

在海外教学期间，我经历了很多西方家长和孩子说"不"的场景。由于孩子的个性不同，有的会欣然接受，笑靥如花，甚至还有一点不好意思，有的则使尽各种小聪明，想突破某条边界。

记得有一次，我上了一节有三个小女孩的小班课，快下课时，我让孩子们把今天学的单词画出来并且介绍一遍。本来关系很好的汉娜和露西忽然产生了争执，起因就是为了抢一张玫瑰红色的美工纸。因为是露西先拿的，所以我提出让汉娜把纸给露西，自己另挑一个颜色。可是那天不知道为什么，任凭我用其他颜色纸交换，好言相劝，汉娜仍倔强地把纸握在手里，都快捏出汗来了，就是不肯给露西。露西也委屈巴巴地看着我，不知所措。我了解汉娜爱钻牛角尖，而且个性很强，有时候连她妈妈也很难说服她。我对汉娜说："老师知道你喜欢玫瑰红色，跟你今天穿的裙子的颜色一样对不对？"汉娜点点头说："裙子是我爸爸买的，我最喜欢了！"我忽然明白了，因为汉娜的爸爸是飞行员，经常飞国际航线，陪女儿的时间可能不太多，因此她对爸爸送的东西有一种执念。

敲黑板5

很多情况下，孩子出现行为偏差，是在渴望关注，根源在于父母。另外，父母需要额外关注一下，孩子挑战边界的背后是不是有孩子被忽视的需求。在这个案例里，汉娜挑战边界的原因，并不全是喜欢玫瑰红色，还有对父亲陪伴的渴望。这时候，父母除了纠正特定的行为，还需要改变家庭环境，比如拿出更多时间陪伴孩子，改善孩子的情绪，等等。只要父母用心，孩子都会感觉到，从而逐渐做出改变。边界的设定，从某种程度上而言，是在和孩子做一个约定，用遵守特定的规则来换取规则内的自由，以及被肯定、被接纳的安全感。

但是课堂的规矩，就是轮流选择美工纸的颜色，汉娜上次已经先选了，这次如果再这样，那么下次肯定还会出现类似的问题。所以我就蹲下身抚摸着她的肩膀说："嗯，老师理解你，你真的很喜欢玫瑰红色呢！上一次你也选了这个颜色，那次露西让你先选了，她真是你的好朋友！对不对？露西，你也喜欢玫瑰红色，对吗？"露西在旁边赶紧点了点头。

汉娜纠结着，紧皱眉头，还是不肯给露西。下课时间也到了。父母们来接孩子，来接露西的阿姨看到这个情形，就对露西说让给汉娜吧。乖巧的露西点头答应了。我一边夸奖露西，一边也觉得有点为难，按照汉娜的个性，她下次大概率还会这样。这时，汉娜的爸爸走了进来，我告诉他两个孩子之间发生了小争执，但露西主动让给汉娜了，希望汉娜对露西说声谢谢。这个高个子的瑞典男人却摇摇头说，谢谢老师和露西，但这样不行。他蹲下身严肃地对汉娜说："宝贝，你这样做不对，我相信，你心里知道该怎么做。对吧？"而刚才还"一根筋"的汉娜听到爸爸的话，不舍地看了看手里的纸，终于还是慢慢递给了露西。

汉娜的爸爸继续说："你抢了露西的纸，结果你们两个都没有完成画画，你该怎么做？"

"……对不起！露西！"汉娜慢慢地说。

"还要对谁说？"

"对不起，老师！"汉娜说完，就快要哭了。我蹲下身抱了抱她，表扬她做出了正确的行为，让她又挑了另一张彩色纸，可以回家再画。

敲黑板6

在应对孩子的越界行为时，除了坚定地告诉孩子"不"，还要诚恳地说明原因。有时解释原因比说"不"这件事本身更重要。因为这个原因，是更有价值的教育信息。比如，通过说明原因让汉娜认识到自己的错误，明白每节课都需要完成任务，不能耽误别人的学习时间，等等。

当天晚上，汉娜的爸爸给我发来一条长长的短信，他再次对课堂上的插曲道歉，并解释道汉娜因为他工作太忙的缘故，出现了一些任性的行为，在学校已经有老师跟他说过这个问题，感谢我对汉娜的耐心和包容。他又告诉我，他和太太正在想办法帮助女儿纠正，他会努力安排多一点休假，多陪陪女儿，最后委婉地请我在课堂上也要求汉娜遵守规定，不要特殊化对待她。最后还说，汉娜向他保证不再这样了，请我监督她。

他的短信给了我很大的启发。作为汉语老师，为了保证孩子们更好地完成学习任务，我对孩子们的淘气或者越界行为一般会做淡化处理。比如，多准备一些颜色的纸，尽量避免这种争抢发生。毕竟，孩子开心时比生气时学习效果要好。但是我很赞同汉娜爸爸的做法，如果需要配合他们帮助汉娜改善行为，我当然全力支持。后来，汉娜爸爸过来接孩子的次数真的多了起来，看来为了陪孩子，这个繁忙的飞行员做出了很多努力。渐渐地，我已经明显感觉出变化，汉娜不再爱争抢，变得更加和善，跟其他小朋友的关系也更加融洽了。她常常兴冲冲地告诉我，上个周末她又去了哪里哪里，玩得好开心。看来纠正一个孩子的偏差行为，必须父母双方配合效果才好啊，以前仅靠汉娜妈妈一方的管束，妈妈肯定心累且事倍功半。

2.4 在正念—边界—舒适系统中营造成长乐园

在孩子的生活中建立边界意识之后，就需要进一步为孩子建立舒适系统了。舒适系统有多重要呢？没有它，就没有专注力。拿我现在居住的法国来说，生活中的舒适系统在这里无所不在，不单孩子需要，大人也需要。

舒适系统是一个抽象概念，简单地说，就是一个能够容纳体验主体的相对稳定的空间或者时间范围，有高度重复性和可操作性，可以为系统拥有者提供身体上的舒适感或者精神上的安全感。例如，一份张弛有度的时间表，就可以是一个舒适系统，时间表上必须有具有吸引力的奖励或休息时段。例如，早上起床后孩子最爱吃的早饭菜单，或者放学后孩子最爱的一个点心，又或者周末做作业后可以玩一会儿电子游戏，等等。

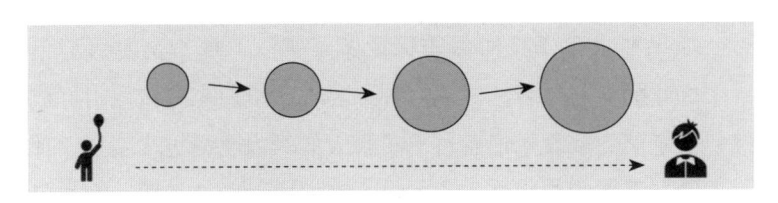

● 舒适点，是舒适系统的核心元素，可以是某种奖励，奖励可大可小，根据边界遵守的难易程度来调整。
→ 边界，如做作业、遵守规则、良好表现、专注学习、坚持某种训练，等等。
----▶ 没有建立舒适系统的儿童自然成长/学业轨迹。图中，我们利用前面三种元素的交替组合使这一过程变得更容易接受。

正念—边界—舒适系统示意图

更有趣的是，孩子成长的舒适系统是在不断进化的。系统建立初期，孩子的注意力和动机，可能集中在上图中的舒适点部分，但是经过一段时间的成长，孩子对整个舒适系统的认可和依赖都会逐渐加深，对舒适系统的注意力会逐步延伸到箭头的边界部分。通俗地说就是，那些必须遵守的规则，会逐步成为孩子的习惯，进而成为一种内在的安全感来源。

而无论是边界遵守还是奖励享受，这两者都必须在灰色方框区域内，也就是两者都是建立在对孩子天性的接受和支持上的。也就是说，建立这个舒适系统的最终目的，是让孩子能够最大限度地享受整个过程，并得到好的结果。

正念—边界—舒适系统，必须有高度的可复制性和可操作性。例如，奖励必须是容易实现且孩子非常喜欢的事物，能够为孩子带来幸福感或成就感。而各种边界的规定，也要和奖励形成一个模糊的对等关系，不需要太严格和精确，但是需要和孩子付出的努力成正比。

如果要求孩子按时保质保量做好作业，那么奖励可以是一个好吃的点心或者冰激凌。如果要求孩子期末考试取得好成绩，孩子努力实现了或者付出了很大的努力成绩进步明显，那么奖励就需要相应提高，比如出去度假或者给孩子买一个心仪已久的酷炫玩具，等等。

这种正念—边界—舒适系统，并未在西方教育学理论中形成固定理论模式（在心理学中拥有对应的理论），但在生活中却比比皆是。比如，我曾经开设过幼童（3~5岁）趣味中文音乐课。当那些还未完全懂事的孩子们来到课堂的时候，每互动15分钟，孩子们就会有点走神，到处乱爬，这时我就会宣布进行短暂的休息。这时，陪同的父母们，都会纷纷拿出果汁、零食犒劳孩子们，这其实就是初级的舒适系统。

而等到孩子们渐渐长大，学业难度加大，每天作业越来越多，这种舒适系统的好处就更加凸显了。如果提前为孩子的日常引入这种舒适系统，面对很多比较艰难的任务，父母就会省去很多口舌，孩子们也会更容易接受挑战，因为他们知道，努力完成学习和生活任务不但会受到相应的嘉奖，同时还会收获成就感。原理很简单，舒适系统中已经预先设定了客观动机均衡和主观心理支持。

正念—边界—舒适系统对孩子的成长有很多好处，根据教学和育儿的亲身经历，我大致总结出三条。

1. 可以将孩子漫长艰难的学习之路，弱化和分割成无数个中短期任务，以减轻孩子的心理压力，增强父母和孩子的感情，让孩子真切感受到父母对自己成长的参与和支持

在香港居住期间，我们住在一个叫愉景湾的有很多外籍居民的社区，并且在那里认识了很多西方家庭的学生。其中，有一个女学生让我印象深刻，她叫伊丽莎白，来自美国，因为需要为IB[①]考试补习中文而与我相识，经过半年的相处，我们成了关系很好的朋友，经常聊天。她学习非常刻苦，而且健谈又阳光，即使在学习压力最大的考试前夕，她也思路清晰，干劲十足。我去她家为她补习的时候，能够感受到她家里的氛围一直是轻松的，她妈妈的性格也非常阳光，父亲很幽默。伊丽莎白告诉我，自从她记事起，妈妈就总会找理由给她各种奖励，她清楚地记得自己得到的第一个奖励，是一个可爱的小奖杯，那次她在班级的拼写比赛中得了第一名。后来，奖励有时候是爸爸摘的一把野花，有时候是妈妈烤的蛋糕，非常有仪式感。随着她长大，小惊喜依然不断，她能感到自己在学校的努力都被爸妈看在眼里。所以，她对学业从来都是干劲十足，和家人的

---

① IB 全称 International Baccalaureate，是由国际文凭组织（IBO）为全球3~19岁的学生开设的课程体系，分为四个阶段：小学项目（PYP）、中学项目（MYP）、大学预科项目（DP）和职业教育项目（CP），注重全面和平衡培养学生知识体系。语言类IB测试包含各种常用语言，如英语、法语、汉语等，是很多国家学生申请大学的认可测试体系。

关系也非常好。这次她自己想考医学院，妈妈说，等她考完，不管成绩如何，今年暑假全家一起去意大利。伊丽莎白最向往的城市就是佛罗伦萨，妈妈选择这个旅游安排，就是想告诉她，只要努力，不管结果如何都会给她奖励。但是伊丽莎白跟我说，她努力并不是为了去佛罗伦萨，而是想看到爸妈欢呼的样子，这才是最让她开心的。

伊丽莎白上的国际学校，在香港排名数一数二，学习压力其实挺大的，竞争也很残酷。但是家里有爱的孩子，会把学业压力分割成一段一段家人疼爱和支持自己的回忆，使自己更有前进的动力。

后来有一天，我接到伊丽莎白欣喜若狂的电话，她如愿考上了那所医学院，并申请到了奖学金，看来暑假全家的佛罗伦萨之行将快乐无比。伊丽莎白家庭中的这个舒适系统，可以说是个很典型的范例，不仅给了她学业上的支持，更培养了她积极有爱的性格。

2. 量化或具象化孩子需要遵守的规则，同时为他们的成长增加很多仪式感强的幸福记忆

孩子从四五岁开始，就已经产生了对成就感和被肯定的渴望。此时，他们对说教还不敏感，即使家长天天说教，孩子也很难在头脑中形成具体的应对行为。如果我们用舒适系统来为他们实际演练一遍遵守规则带来的美好结果或者感受，就能强化他们头脑中对遵守规则或边界的好感，从而减少长大后对规则或边界的抵触。同时，好的舒适系统可以植入很多仪式感，增强孩子的荣誉感和自我认知。

这种正念—边界—舒适系统的周期可长可短，长到从孩子上学到毕业，也可以短到只是平常的周中的某一天。

小马有一个好朋友兼大学校友雅各布，经常请我们去他家吃中午饭，我们已经认识好多年了，雅各布和太太都是法国人，也几乎同时来到香港工作。他家有两个女儿，大女儿萨沙那年7岁，和我们家的小孩同岁，他们经常在一起玩耍。萨沙还有一个妹妹，刚刚4岁。雅各布曾经告诉我们，萨沙很喜欢妹妹，经常陪着她玩耍。但是胖乎乎的妹妹不知道为什么，脾气那是相当惊人，甚至有点蛮横和暴力。好几次，妹妹因为萨沙碰了她喜欢的玩具，居然扬起小胖手对着姐姐胡抢乱打。一旁的妈妈被吓了一跳，向来乖巧的姐姐萨沙委屈极了，但也知道不能还手，差点哭了出来。

爸爸雅各布一度担心姐妹俩会产生矛盾，但无论怎么教育，妹妹一激动还是喜欢动手，不是推就是打。后来，他们就想了一个主意，每天晚餐前，都会让姐妹俩分一小包好吃的奶酪玉米条。这种玉米条两个女儿都爱吃，妈妈告诉孩子们，

敲黑板6

> 有时候，孩子很难遵守边界，父母可以从简单的任务或者目标开始，设定初级系统，把目标定得容易实现，接着兑现奖励，来建立孩子对这个系统的信任和好感，然后再利用这个系统，逐步设计由易到难的边界目标和规则。如果因为孩子没有遵守而让奖励失效，那么为了继续激发孩子的斗志，最好尽快更新另一个舒适系统，可以适当降格，但仍要设定有吸引力的奖励或目标，以维持孩子持续的斗志。

只能相互喂对方吃。刚一开始,妹妹只知道往自己嘴里送,后来爸爸妈妈示范多次,姐姐也觉得好玩,就索性在妹妹面前张大嘴巴,像个小青蛙,很快妹妹喜欢上了给姐姐喂玉米条,也喜欢让姐姐喂给她吃,姐妹俩每天晚上都要这样亲密地闹腾一番。后来,妹妹越来越喜欢姐姐,那种毫无来由的暴力"袭"姐就这样被淡忘了,渐渐地再也没有发生过。

聪明的雅各布和太太,就是用这种柔性的、周期性的舒适系统,帮助妹妹克服了暴力打人的问题。既免除了无用的说教和训斥,还让姐妹俩增加了很多互动,彼此产生依恋与信任,增添了姐妹俩共同的美好回忆。

3. 柔化逾越边界的惩罚,减少成长中的负面记忆和抵触情绪,又起到足够的震慑和警醒作用

正念—边界—舒适系统是一个连动系统。既然它包含着一个重要因素——边界,那么就意味着,如果逾越了边界,随之对应的舒适区域也就会被打破。这种柔性的行为后果联动系统,既避免了硬性惩罚造成的抵触和负面情绪,又可以让孩子直观地看到行为和后果的直接联系。而且因为这个系统是可重复的、可预测的,所以孩子就能在下一次本能地做出有利于实现舒适系统的选择。

说到这里,就又要提到我家那对活宝了。他们一直想要一个任天堂游戏机,于是爸爸灵机一动,手绘了一张大表格贴在门后,在上面写上"任天堂游戏机计划"。表格里列了从当前一直到本学期结束的每一天,并在表格下面列举了哥儿俩需要做到的事情,包括:平时考试必须在优良或以上,每天练习写汉字,哥儿俩打架不能超过三次。有一段时间,哥儿俩在学校被分到不同的班,有了各自的小朋友圈。据说在学校里哥儿俩产生了点小矛盾,回家后他们之间就有点剑拔弩张,因为小事打了两架。爸爸毫不犹豫地在表格上打了两个叉,并且告诉他们,如果打了三个叉,今年圣诞节就没任天堂游戏机什么事儿了。

哥儿俩听了很慌,消停了几天。后来又因为一件鸡毛蒜皮的小事,哥儿俩吵吵了半天。我询问了一下,听上去是哥哥理亏,我建议哥哥向弟弟说句"对不起",两人和好不就行了嘛。可能因为哥哥心里还是不服气,勉强说句"对不起",又夹枪带棒地说了一大堆狠话泄愤,结果一回头两人又扭作一团,弟弟正往哥哥后背上暴捶。我还没来得及劝,爸爸就阴沉着脸,走到门后,画了第三个叉,然后告诉他们,这张表停止统计,今年游戏机计划失败了!

接下来的事儿就有点尴尬,哥儿俩一看任天堂游戏机"泡汤"了,就先是到爸爸跟前求原谅,未果,又跑来磨我,我只能硬下心来不理他们。于是两人开始一把鼻涕一把泪,泪眼婆娑地相互埋怨,过一会儿,哥儿俩终于想明白了,对于这张表,原来爸妈是认真的!

游戏机铁定是没戏了。我想,不如就利用这"惨痛时刻",好好给他们上一课,于是我过去搂着他们,跟他们讲控制情绪多么重要。为了一件小事,控制不住动手打架,打破了规则,现在要付出的后果就是,半个学期的努力付诸东流。两人哭得鼻涕都吹起了泡,连连点头。因为这学期还长,在我的建议下,爸爸又重新做了一张表,到本学期末他俩如果继续表现良好,可以一人得到一个比较贵的乐高玩具。虽然奖励降格,但聊胜于无,哥儿俩很快又开始欢快起来。

我发现,随着孩子渐渐长大,奖励本身开始不再是他们遵守规则或完成挑战的全部意义了,他们渐渐会更加着迷于遵守规则或者完成挑战之后的成就感。如果因为越线而失去奖励,孩子会很有挫败感,这时候我们家长必须尽快更新另一个舒适系统。孩子在这种舒适系统里既收获了成就感,又得到了安全感,他们会非常满足。而奖励本身,有时候其实并不太重要。

第二年,哥儿俩要求爸爸再定一个学期目标,来继续获得他们的任天堂游戏机。爸爸答应了,这一次他们整个学期都表现得可圈可点,尤其是英语和数学,大小考试成绩都很好,所以他们最终赢得了心爱的游戏机和若干次玩马里奥游戏的机会。

5~7岁是孩子独立人格形成的关键期,也是专注力培养的关键期。正念—边界—舒适系统形成之后,孩子接受了边界,就会在边界内得到相对自由,同时获得安全感和成就感。这

敲黑板7

正念—边界—舒适系统虽然叫舒适系统,也兼具惩戒功能。不过这是一种柔性惩戒,是"不给予",而不是"夺取"。一旦孩子没有遵守边界约定或者违背边界规则,作为舒适系统的执行人,父母一定要清楚地告知孩子无法得到相应的奖励。边界设定和奖励之间的对应关系,是除边界外本系统内另一个需要保持稳定的要素,这样才能确保系统的稳定性,进而维持孩子在遵守边界规则时内心的安全感。

时，孩子的独立人格意识培养就已经成功了一半。从这个意义上说，孩子的独立人格成长就是在正念—边界—舒适系统中进行的。

其实这样的舒适系统在我们的生活中比比皆是。负重前行的人们，就是在舒适系统中自我治愈和继续前进的。寒冷清晨的一杯热咖啡，繁忙工作后回到家时的温馨，长途跋涉后可享用的美食和可供休息的旅馆……不只对孩子，舒适系统对成人的激励作用也是显而易见的。不过，这个系统对于孩子的引导和激励则更明显。由于孩子天性是趋向快乐和安全感的，而对社会生活的边界和规则则天生不敏感，所以需要这样一个有实际效果且可以广泛复制应用的正念—边界—舒适系统，来教会孩子如何挑战自己，遵守边界，从而收获父母乃至社会的肯定，并进一步树立"我可以做到"的强大信心，这一点对后期培养学习力和专注力至关重要。

最后要说明的是，正念—边界—舒适系统的奖励，一定要是带给孩子美好体验的事物，而不是他人代替决定的事物。比如奖励是玩具，就要是一个他们喜欢的玩具，而不是妈妈觉得好的玩具。又比如奖励是10元零花钱，那么孩子可以自行决定买什么东西，而不是由父母指定。因为这种奖励，也是培养孩子独立人格的土壤。

这个系统清楚地告知孩子什么不能做，同时也让他们知道什么可以做，什么必须做，什么是努力做到后会收获快乐体验的。明白了这些，孩子的成长就会一直有方向，有激励，有主心骨。

2.5 零花钱：欲擒故纵的财商训练

零花钱是每个有孩子的家庭绕不过去的话题。日常人情往来，孩子们常常会收到亲友的金钱馈赠。父母们对此不外乎两种处理：一种是告知孩子；一种是不告知，全数充公。但孩子到了五六岁左右，就已经自然地有了商品的概念。这时候为他们引入零花钱制度，是一种必要的财商训练。

有的家长会有顾虑，觉得零花钱会让孩子过早地接触金钱，变得物质化。其实物质不是我们的敌人，我们生活在物质时代，即使父母有意淡化金钱，孩子们也完全会感知到金钱的好处。与其让他们受到社会不良风气的误导，不如由父母引导，实施一套科学的零花钱制度，这样不但不会让孩子过度沉溺于金钱，还能帮助他们坦然面对自己的欲望，学会如何理智地花钱。对金钱的态度和取舍，无关年龄，将伴随我们一生，我认为这方面的财商教育，越早开始越好。

如何建立科学的零花钱制度？我的心得如下：

（1）制度应该清晰量化，不能随便被打破。

（2）根据孩子的年龄，零花钱的金额可以逐年递增，一开始宜少不宜多。

（3）在额度范围内尽量给予孩子自由，花钱带来的情绪价值之一就是自主决定的满足感。

（4）父母可以限定购买方向，但不要要求他们必须买什么。

（5）如果孩子想买某个你觉得不值的东西，可以柔性引导，不要大包大揽地替他选择。其实，孩子通过购买学到的生活常识和处世逻辑，比零花钱本身重要得多。

作为从小压岁钱总被我妈"套路"的一个人，一开始我是反对让孩子过早接触金钱的，觉得没必要。后来，我发现零花钱制度在西方家庭里很普及，法国家庭如此，现今中国家庭也是如此，大家都开始尊重孩子对零花钱的处理方式了。在国内，零花钱来源于长辈的爱心红包，在国外也是"换汤不换药"，每逢圣诞节或者孩子的生日，家里的长辈会给孩子寄一张面额不大的支票。孩子们5岁时，积攒在他们名下的钱已相当可观。我和小马经过商议，制定了一个很人性化的零花钱保管及使用办法。

于是，孩子们7岁生日那天，我们严肃地开了一个小会。爸爸把历年亲友们给他们的礼钱做了大致的计算，然后一人给他们一张手写的支票，上面的金额让孩子们瞬间来了精神，不停地问："这真的是我们的钱吗？哇，真的有这么多钱？"

爸爸接下来的话更让他们开心。"爸爸妈妈决定帮你们一人开一个银行账户，大额的钱作为你们今后上大学的一部分学费，是教育基金。余下的钱你们自己保管，每个星期你们有5欧元的零花钱额度，只要跟妈妈报备用途，就可以花。超过5欧元的话，就需要征求爸爸妈妈的意见，买的东西你们要自己记在本子上。你们同意吗？"

忽然有钱的孩子们欢呼雀跃。我才意识到，就算吃穿用玩都不缺，"有钱"这件事，对孩子来说依然相当重要啊！爸爸接着提醒说:"需要买什么东西,一定要考虑清楚,不要太冲动,花完额度就没有了哦!"

拿到零花钱的第二天就是周六,孩子们迫不及待地缠着我带他们去书店,你以为他们要买书?错!他们想买心心念念很久的宝可梦卡片,这样就可以带去学校吹牛。和中国一样,法国学校的男孩们也流行玩宠物精灵宝可梦,拥有几张稀少又通杀的宝可梦卡片,在其他孩子眼中不亚于成年人眼中的拉风赛车。书店里的宝可梦卡成袋出售,一袋十张不定款卡片,就像开盲盒。故事重点来了,哥儿俩一人买了一袋卡片,打开一看,哥哥的盲盒翻车了,里面一张喜欢的卡片都没有。要是两人都翻车了,倒也在意料之中,用第一笔零花钱交个"学费",知道盲盒会翻车,从此杜绝侥幸心理,倒也不错。可是偏偏弟弟的那一袋里有一张很棒的卡,据说战斗值爆表。

货比货得扔!阿莱克斯争强好胜的神经又绷起来了,要求再买一袋。我一看,这是开盲盒开红眼了?用他们外婆的话说就是,这孩子手缝宽,存不住财啊!必须把这种苗头掐死在萌

敲黑板8

买东西是一项重要的生活技能和体验,这种体验孩子越早体会越好。一般五六岁以后就可以考虑给孩子一些自主零花钱。我们习以为常的购买行为,从确定需求、寻找商品、评估价格,到最后的决定购买,每一个环节都是对孩子的锻炼。他们收获的满足感和学到的经验,绝对比妈妈精挑细选买好递到他们手上得到的快乐要多得多。

芽阶段！于是我正告他，规定就是规定，说好一周只花5欧元，如果破坏规定，那么零花钱制度就作废了，零花钱全部收回。

这一"熔断机制"果然有威慑力，阿莱克斯马上收手了。于是，我就把喜滋滋的弟弟和满脸郁闷的哥哥一股脑儿"打包"带回了家。零花钱计划实施第一天，历时：30分钟，剩余额度：0，幸福值：-1。虽然阿莱克斯郁闷了好半天，但在我拒绝他超额花钱的申请后，他并没有死缠烂打，因为零花钱制度的潜台词就是：花自己的钱，自己做决定，需要深思熟虑，后果自负。

第二个星期，哥哥依然耿耿于怀，还想再去开盲盒。这才开始发零花钱，就玩这么"野"的套路，真是让老母亲好纠结。幸好爸爸比较懂，建议阿莱克斯可以上网看看别的玩家出售的稀有明盒卡片，虽然一张就要5欧元，但是很大概率能买到珍品（当然网上肯定也有假货，同样后果自负）。爸爸给他讲明各种利弊之后，让阿莱克斯自己选择，他欣然选择了买明盒卡片。于是让爸爸帮忙下单，他望眼欲穿三天后等来了一张很棒的卡片，比上次弟弟开出的那一张还要好。"宝可梦卡片事件"总算落下帷幕。

通过这次体验，我对哥哥阿莱克斯的性格有了进一步了解：他好胜心强，一旦失败或者受挫，会耿耿于怀很久。而弟弟则比较心大，受挫后难受一小会儿就会转移注意力。但是无论孩子的性格多么不同，花钱这件事，我们都坚持让他们自己做决定，自己去体验。用小钱试错，总好过未来真的在金钱上吃亏。

零花钱制度建立起来的好处是显而易见的，每周一次"5欧

敲黑板9

如何让孩子做出明智的购买行为，用有限的零花钱合理满足欲望，是需要父母特别关注的。但是，这里需要强调的是，父母最好不要过多干涉，切忌轻易扼杀孩子的兴趣，父母试着站在孩子的角度，支持和帮助他。比如，不阻止孩子买游戏卡，但让他知道有更多的选择，除了开盲盒还可以买明盒，让孩子认识到高质量的商品和价格之间的合理关联。这种思考模式能够让孩子做出明智的选择。

元购"，锻炼出了哥儿俩截然不同的金钱观。哥哥喜欢冒险，禁不住诱惑，一看上就买，5欧元额度总是"牺牲"在周一；弟弟比较保守，会深思熟虑，经常攒几周的零花钱，买一个比较贵的东西。渐渐地，哥哥发现弟弟买的东西性价比高，于是买之前也开始琢磨了。而他们的爸爸，也把零花钱制度玩出了新花样。不但带他们去漫画书店，让他们自主挑选喜欢的新款漫画书，还鼓励他们用零花钱给小伙伴买生日礼物。于是，出现了以下的对话：

"妈妈，今天×××把我推到了，也不道歉，他不值得5欧元的礼物了，以后就只4欧元！"

"行吧！你解气就行。"（我腹诽：他忘得真干净，哪次给同学买礼物是不超出预算的？哪次不是我默默补贴的？现在通货膨胀这么厉害，花4欧元买礼物？又给我出难题！）

零花钱制度还有一个关键之处，就是"父母的钱是父母的，你的钱是你的"。这种慢慢建立起来的父母和孩子之间的财务边界，可以帮孩子早早培养财务独立的责任感，用最小的成本进行最早的理财训练，建立金钱观和消费观，为自己的决定承担相应的后果。父母也渐渐明晰为孩子花钱的边界：对孩子的教育投资和提升他们生活品质的花费，是由父母承担的；而孩子其他的一些小花费，就可以作为演练道具，从低基数开始，让孩子在物质和精神上得到双重锻炼和受益。如此一来，长大后的孩子会有比较健康的金钱观，不容易陷入啃老的境况。

零花钱制度还有一个好处，它可以作为我们父母处理孩子新年红包的一项辅助措施。

有些家长跟我说，孩子新年红包数目不少，其实也是父母给别人家孩子红包的回礼。有的家庭还是挺需要这笔钱的，比如用于交学费之类。在孩子小的时候父母对红包账目都是直接"征用"，现在孩子大了，继续这样可能会让孩子有想法。我的意见是，孩子肯定会有想法，不过也不是不能征用，父母需要跟孩子坦率地沟通。这时候，零花钱制度就会成为一个很好的缓冲。

对于新年红包，无论家长们怎么处理，都可以使其成为一个契机，帮助孩子建立健康的金钱观。我们分两种情况来说：

1. 压岁钱金额较大，父母需要征用

跟孩子坦率说明，他今年得到了多少压岁钱，数目上一定要诚实。父母决定帮他存进教育基金（或有其他正当用途，必须向孩子说明），感谢孩子为家庭做出的贡献，并用孩子的名字开设账户，专款专用。一般情况下，孩子会非常有自豪感，觉得自己为家庭做了贡献，或者能为自己未来深造添砖加瓦。

与此同时，最好再配合零花钱制度，即孩子上交压岁钱的同时，可以定期得到一些零花钱用于日常自主消费。零花钱不仅仅可以用来买零食，它还可以培养孩子的金钱观和消费观。所以家长最好设立一个零花钱制度，钱不用太多，但是要按时发放。会花钱的孩子，理性思维会培养得很好，长大不容易产生消费成瘾问题。

2. 父母将压岁钱的支配权交给孩子

这种情况适用于家境殷实或者孩子相对大一点的家庭。父母可以把压岁钱交给孩子，授权孩子自己选择用途，但是要向父母报备用途，最好再制定一个熔断机制。比如，今年孩子得到了2000元压岁钱，允许孩子自由支配的是1000元，剩余1000元孩子自行或委托父母存进银行。除非有特殊用途，否则不动用余款。

父母可以通过这样的方式处理孩子的红包，锻炼孩子的商业头脑和消费观，防患于未然，为将来孩子经济独立打好基础。

敲黑板10

> 零花钱制度其实是家庭财务制度的一个缩影，孩子可以借此了解家庭的财务状况。零花钱的额度可以每年调整，但是父母要鼓励孩子尽量遵守制度。通过细化制度，比如记下每次买的东西等，还可以培养孩子记账的好习惯，对他们将来独立生活很有好处。

第 3 章

社交期:"佛系"放养试运行(6~9岁)

孩子的社交活动其实从还不会说话就开始了。比如，小宝宝喜欢追着大一点的孩子跑，或者一见到同龄的小伙伴就兴奋，等等。到了5岁前后，孩子会经历性格分化期，抓住这个关键时期，有意为他们创造接触外界的机会，锻炼情商和社交技巧，对孩子未来的社交大有裨益。

3.1 玩耍约会：缓解分离焦虑的"预演"

相信很多父母对"分离焦虑"这个词并不陌生。分离焦虑，其实就是随着年龄增长，孩子生活圈逐渐扩大，孩子由于旧的舒适系统被打破而引发的一种暂时性的精神紧张和安全感缺失。不但孩子有，其实很多父母也会有分离焦虑。成年人咬咬牙就扛过去了，但是孩子则需要父母的舒缓和安慰来帮助他们顺利完成这一社会化角色转型所必经的心理变化。

分离焦虑一般都发生在孩子上幼儿园、离开母亲，或者离开熟悉的环境、接触陌生环境的时候。如何帮助孩子克服分离焦虑，不同时期有不同做法。

成长初期的未雨绸缪——玩耍约会

为了避免或者减少分离焦虑，在孩子上幼儿园之前，家长可以为孩子开展一种小朋友之间的简单社交活动——玩耍约会。

这个词来自英语"playdate"，我们可以称作"玩耍约会"，俗称"集体遛娃"。活动其实很简单，就是相熟的妈妈们约好一个时间，把年龄相仿的孩子们聚集在一起玩耍。一般这种约会可长可短，长则一整天，短的也可以是一两个小时。

玩耍约会活动的好处如下：

（1）无论年纪大小，孩子们都更愿意和同龄人玩耍。玩耍约会可以让孩子接触更多的同龄人。

（2）几个小朋友一起玩，大脑和身体都充分活跃，获得的信息量肯定翻倍，活动量也翻倍。

（3）妈妈们也可以见缝插针地喝喝茶、聊聊天，开展自己的社交。

（4）习惯玩耍约会的孩子，不认生，不胆怯，上幼儿园后更容易融入集体，能更快结交新朋友。

（5）玩耍约会，也是训练孩子口才或第二语言的绝佳活动。

在香港的社区，玩耍约会是一种很普遍的活动。有时候，我带着孩子们在公园"放风"，偶尔会有陌生的妈妈微笑地打招呼，问我家小朋友有没有兴趣来一个玩耍约会。那必须有啊！我欣然接受，我也想让小哥儿俩跟别的小朋友一起玩。地点可以很随意，天气好就在公园的游乐场见面，天气不好可以安排在家里活动。碰巧我家的保姆也是个被打工耽误了的"社会活动家"。这么说吧！我家楼上楼下，学校内外，就连送孩子上学的路上，就没有她搭不上话的人。她认识好多同样给别人带孩子的保姆，她发起的玩耍约会简直像玩耍派对，七八个小孩在公园里闹在一处，远远就看见我家那两个也混在里面，不亦乐乎。这种活动从孩子刚学会走路就开始了，两个孩子认识了很多小朋友，后来我们离开了香港，孩子们的友谊也一直持续着，有时他们还在网上聊天呢！

我觉得玩耍约会最大的意义，是在孩子的头脑里建立一种深层认知，那就是交朋友是快乐的、有趣的，而且随时可以交新朋友，外面的世界有很多新朋友可以结识。一旦有了这种认知，孩子就不太会抗拒旧舒适圈的改变，等到上幼儿园或者换新学校的时候，孩子大脑中的玩耍约会逻辑就会把这种改变解读为：我要交新的朋友了，又有好玩的事情要发生了。这是从根本上克服分离焦虑的一种未雨绸缪的办法。

现实中，很多家长等到孩子出现分离焦虑了，才开始想办法。我个人认为，分离焦虑本身并不是一种严重的问题，而是一种阶段性现象。随着孩子对变化的适应，分离焦虑造成的不适感会逐渐淡化。但是分离焦虑是一种提示，它提醒我们对孩子的养育和孩子社会化成长之间存在一定的落差。如何弥补这一落差，也是家庭教育努力的一大方向。那么问题来了，当孩子成长环境发生变化时，我们怎样慢慢减少对孩子的过度保护，帮助他们平稳过渡，拥抱自身的社会化升级？

分离焦虑已经出现——打造新的舒适系统

每个孩子在和父母亲密接触的成长初期，都有意无意地为自己打造了一个小的舒适系统。这不难理解，这段亲密接触、父母疼爱和照顾自己的记忆，也是每个人人生安全感的来源。那么当孩子越长越大，必须部分脱离家庭环境（如上幼儿园）经历社会化成长的时候，旧的舒适系统就随之被打破。这时，我们要及时安抚孩子的不安情绪，尽快为其打造一个新的舒适系统。

在我的学生里，有一个俄罗斯小女孩，叫娜塔莉亚，她的妈妈宝丽是个很厉害的舞蹈家，得过国际舞蹈大赛的冠军。宝丽在小区里很出名，教娜塔莉亚之前我就认识她了。生了娜塔莉亚以后，宝丽在家休息了几年，然后开办了一个舞蹈工作室，每天都很忙，招生、教课，早出晚归，不像以前那样全天陪伴女儿了。宝丽告诉我，女儿刚上幼儿园的时候，一开始每天早上都大哭大闹不肯离开她，有一次把她的衣服都扯破了，她很头疼，更心疼。她灵机一动，想了一个办法。那时候女儿喜欢《冰雪奇缘》里的艾莎公主，于是她精心挑选了一个漂亮的艾莎公主的手办人偶送给女儿，说："艾莎的魔法是快乐，抱着她的小朋友都会开心，你每天可以带着她一起去幼儿园，不过艾莎需要补充魔法，补充的方法就是要把你在幼儿园学到的新故事，每天讲一个给她听！这样她就能一直拥有魔法了！"

娜塔莉亚开心地抱着艾莎去幼儿园了，还告诉其他小朋友艾莎有快乐魔法，听的故事越多，魔法就越强。大家都要求抱一抱艾莎，休息的时候，大家都围过来给艾莎讲故事（小朋友们真的都相信童话啊！）。在热闹的氛围下，娜塔莉亚很快就喜欢上幼儿园了，艾莎帮她结交了新朋友。现在的娜塔莉亚，是个精力旺盛、爱笑爱闹的小可爱，在我这里上课的时候又蹦又跳，之前她妈妈口中认生爱哭的样子完全看不到了。

为分离焦虑的孩子打造新的舒适系统，看上去好像很麻烦，其实并不难。出于你对孩子性格的了解，你知道什么可以抚慰他/她，也知道他/她恐惧什么，亲子联结赋予了父母强大的说服力，孩子们天生就相信自己的父母。这份信任是很宝贵的，因此父母在重要问题上对孩子诚实是非常必要的。

不同性格的孩子，分离焦虑的表现也不一样，有的孩子爱哭闹，有的孩子自我封闭，有的孩子焦虑或有暴力倾向。尤其是最后一种情况，很有迷惑性，有时会被误认为是偏差行为而受到惩罚，这往往会让孩子的精神状态雪上加霜。所以，每当孩子出现行为或情绪反常时，父母一定要保持相对冷静，不要急着下定论，可结合孩子最近发生的各种状况做出应对。如果近期生活中发生了很多变化，对于稍大点的孩子，可以找机会跟孩子聊聊天，坦诚地解释变化的原因，听听孩子内心的声音，尽量安抚和排解；对于年纪小点的孩子，可以尽量留出一点亲密陪伴的时间，给予孩子拥抱或哄睡等身体接触、讲故事、陪伴玩耍等，让孩子尽快适应新的环境或变化，找回安全感。

另外，还要提醒大家的是，如果孩子之前分离焦虑并不明显，却忽然出现了不愿离开亲人的情况，也许父母有必要审视一下新环境中是否有激发分离焦虑的因素，比如同龄人的霸凌、生活习惯的不适应，等等。必要时，要和新环境里的老师或者监护人进行沟通，以谋求对方的支持，帮助孩子平安度过这一段敏感时期。总之，当孩子换了环境或者即将脱离父母的全天候陪伴时，不管是否有分离焦虑的困扰，父母都需要确保孩子能很快拥有另一个稳定的舒适系统。舒适系统就像一个温暖安全的透明泡泡，让孩子感到轻松和被爱，勇敢去探索世界。

敲黑板1

孩子的分离焦虑很常见，往往是在孩子从家庭养育的小舒适圈过渡到社会交际的大舒适圈时产生的。玩耍约会是一种理想的、简便易行的活动，可以有效缓解和减轻分离焦虑。玩耍约会期间，父母需要渐渐放手，学会做旁观者和辅助者，让孩子自己锻炼交际和自主处理纠纷的能力。

3.2 淡化处理：育儿过程中的"无为而治"

提要：孩子们在一起玩耍，要是争执起来，怎么办？父母作为孩子的守护者，对社交角色的演绎，需要一点高超的"演技"。西方教育学中的淡化注意力理论和东方哲学中的"无为而治"理念，在这个话题上有些不谋而合。

上一节中我们提到的玩耍约会，就是一种帮助孩子融入集体生活的理想锻炼。它不仅适用于低龄儿童，而且可以一直持续到孩子能够独立外出社交。孩子们在一起玩耍，分享游戏和玩具，这是锻炼情商的良好机会。玩耍约会的概念和原理是建立在社会学理论基础上的，公平和分享是主基调。因此，玩耍约会的初期特别关键，这是孩子个体与社交圈之间的磨合，很多孩子旧的舒适系统被打破，原来已经建立的某些边界意识会在这时候发力，所以在玩耍约会的初期，家长要做到"内紧外松"，多留意孩子的反应，但表面上要轻松自然，减少关注，帮助孩子建立新的规则，如分享、商量等，让孩子顺利从小的舒适系统过渡到大的舒适系统，帮助孩子建立社会性自我。

说了这么多，其实就是想聊一个问题：玩耍约会的时候，孩子们要是闹翻了，家长们该怎么办？

孩子玩着玩着翻脸了，这可是大概率事件，为了一个玩具、一个滑梯，或者谁挤了谁、谁踩了谁……友谊的小船说翻就翻,想想也是挺糟心的。这时候,在一旁正聊得兴起的家长们就会有点尴尬。

其实没有必要。

孩子们刚认识的时候,出现一些"小插曲"很正常。家长最好的处理方式就是淡化,减少介入,尽量不让家长的关注扰乱孩子们的互动。因为,每一次小冲突都是孩子们锻炼情商的大好机会。家长可以提醒孩子们遵守公平原则,鼓励他们自己解决问题。

有一次,我们的两个孩子和一对法国夫妇的两个孩子一起玩耍约会,他家的姐姐费安娜9岁,弟弟布莱恩5岁,比阿莱克斯和托马斯小一岁。那是一个夏日周末,我们在广场上吃早餐,孩子们在一边追鸽子,阿莱克斯用他的零花钱买了一瓶泡泡水在吹泡泡,一群小孩都在晨风里抓泡泡,喊喊喳喳,欢快极了。

忽然阿莱克斯气呼呼地跑过来,说布莱恩把他的泡泡水打翻了。我说:"哦,是不小心的吧!"阿莱克斯大声说:"他是故意的,因为他要吹,我不给他吹!"孩子们告状当然不分场合,布莱恩的爸妈就坐在对面,听到忍不住笑了。我清楚,不喜欢分享是阿莱克斯的老毛病,肯定是布莱恩想借去玩却被拒了一时气不过才这样做的。我本想念叨阿莱克斯几句,又一想,泡泡水是阿莱克斯花自己的钱买的,硬逼他分享似乎也不妥。我说:"宝贝,你手上都是肥皂水,先去洗洗手,休息一下再说!"

阿莱克斯洗手去了。布莱恩的爸爸,一个性格爽朗的大胡子说:"这不对,我去问问布莱恩准备怎么办。"我身边的小马笑了:"我们好好吃饭,让他们自己解决吧!阿莱克斯肯定要去谈条件,不信你等着看。"大家都笑了。小马作为爸爸,对儿子真的挺了解,我心想。

阿莱克斯洗了洗手,心情好多了,回来喝了口水,又跑开了。我看到他摊着手跟布莱恩说了半天,一开始皱着眉头,后来两个人都笑起来了,应该是谈妥了。布莱恩把玩具车遥控器递给了阿莱克斯,给他讲解操作方法,原来他是拿遥控车做补偿了啊!又过了一会儿,我把托马斯喊过来,给他一些钱让他去买一瓶泡泡液,并告诉托马斯,这是妈妈买的,大家一起吹,一人吹五次就换人。不一会儿,广场上的孩子们又开始嘻嘻哈哈地追泡泡了。

小哥儿俩和布莱恩成了好朋友,有时候我下班晚了,保姆干脆就留布莱恩在家吃晚饭。他们上同一所法语学校,分享零食,互换宝可梦卡片,直到现在有时候还在微信语音上唠嗑吹牛呢!男孩子的友谊就是这么神奇。

初次的玩耍约会家长需要盯得稍微紧一点,一旦产生纠纷,就要提醒孩子遵守先来后到、不许动手、玩具轮流玩等规则。所以玩耍约会的家长们三观要接近,才能把玩耍约会变成一种集体教育。不知道大家有没有发现,大部分孩子有一种本能,当大家目光都集中在自己身上时,他们会本能地遵守被告知的规则。我称这种现象为"受关注行为约束力"。因此,当纠纷化解之后,孩子们的规则意识会再次被加深。随着玩耍次数越来越多,友谊逐步加深,孩子们的相处会越来越融洽,小冲突就会逐渐消失。这也是玩耍约会的意义之一——让孩子们磨合相处,逐步适应社会化。

那么,如何保证孩子们之间发生的冲突无伤大雅呢?有几个提醒。

首先,玩耍约会的主体,最好都是年龄相近的孩子,这一前提保证了他们的体格差距不大,万一发生肢体冲突,伤害性也不大。

其次,孩子们玩耍的地方务必保证安全,地面平整,没有危险区域,这样小争执中孩子们受伤的可能性比较低。

最后,玩耍约会完全适用幼儿园学习的规则,比如不抢玩具、不用暴力、友好分享等,而作为父母和监护人的我们之间,其实也要有一些默契。比如,礼貌友好,不过度护犊子、为孩子做出表率等。事实上,决定孩子们是否能相处融洽的,仍然是父母各自的教育准则和三观。

这里,我还要分享一个很好玩的事,虽说好玩,事后想起来也觉得好笑,但当时真的有点尴尬。

在香港,我有一个常常相约一起玩的好朋友睿内,她是个为人和善的日本空姐。睿内有两个儿子,大的叫苏,跟我家孩子一样是6岁,小的叫塔罗,只有4岁,人小却活力满满,他尤其喜欢我家的托马斯,到哪儿都跟着他。我们经常在一起遛娃,有一次睿内带来了她的新邻居,一位刚刚搬来的妈妈,她也有一个男孩,名叫小杰。小杰已经10岁了,比我家孩子高了一头,但看上去有点瘦弱。这位妈妈说他们刚搬来,想让孩子加入我们一起玩。我们当然欢迎,并且嘱咐孩子们要对新朋友友好一点。

孩子们在公园的球场踢了一会儿足球,又跑过来玩旋转滑梯,氛围很好,我注意到小杰也不认生了,跑着喊着很开心的样子。我们三个妈妈正在闲聊,忽然听见小杰"哎呦"叫了一声,转头一看,一堆孩子摔倒在游乐场的塑胶地面上。一个是小杰,好像很疼,另一个是我家的托马斯,他坐在地上揉着屁股,好像有点蒙,总跟着托马斯的"小尾巴"塔罗也摔倒了。我问怎么回事?塔罗说,他们撞在一起了!我无语地摇摇头,这群小孩子被嘱咐多少遍也总记不住,一疯起来就这样!小杰还在地上,龇牙咧嘴的。我想赶紧扶他起来,忽然被推开了,小杰的妈妈冲过来蹲下去把小杰抱在怀里,紧皱眉头,声音带着哭腔:"哎呀,宝贝啊,妈妈好心痛,好心痛!"小杰本来已经坐起来了,现在索性又闭上眼睛开始哭。

本来没多大事,但当时的场面有点尴尬。三个孩子撞在一起。塔罗的妈妈睿内还没过来,一边是小杰母子抱头痛哭,另一边是没见过这阵势、依然很蒙的弟弟托马斯。我赶紧先把最小的塔罗拉过来检查了一下,没什么大碍。然后对弟弟说:"你把小杰撞疼了,你道歉了吗?"弟弟正准备开溜,经我一提醒,就赶紧凑过去对小杰说:"对不起……"还想伸手去摸摸他身上哪里疼。小杰没回应,依然闭着眼睛哭。小杰妈妈的脸色越来越差,没说话,紧抱着儿子。我有点担心,心想万一托马斯真把小杰撞坏了怎么办,毕竟他那一身肉又跑得猛,把人撞坏了也说不定。

我跟小杰妈妈说:"真对不起,让我看看小杰哪里痛,如果严重,我们赶紧去医院,医生现在还没下班!"睿内也走了过来说:"我学过急救,我来检查一下!"

小杰妈妈没抬头,气呼呼地扶起小杰说:"不用了!这么多男孩子一起跑很危险,我们回去了。"小杰忽然不哭了:"妈妈,我再玩一会儿好吗?"妈妈还是执意拉着他走了。我和睿内只好让孩子们赶紧跟小杰说再见，小杰边走边回头，看得出他还想玩，可是我没敢挽留。他们走远了，我才想起来检查托马斯身上有没有被撞疼。他说不疼了，还问我，为什么小杰不玩了？这孩子看来一点没走心。我解释说，小杰撞疼了，先回家了，又加重语气说："跑的时候要注意安全，眼睛一定看前面！撞到人第一时间要说对不起！"然后我心里想，其实三个孩子都在跑，弟弟和塔罗也被撞得坐在了地上，可是从头到尾，小杰和妈妈并没有说一句对不起。

想到这里，我心里有点不舒服，于是等孩子们跑开，我跟睿内说，抱歉，孩子冒冒失失，让你为难了，下次和小杰一家约会，我们就不参加了。睿内却说："我也要道歉，我其实知道小杰妈妈比较在意孩子，以后我会避免约小杰一家。明明休息五分钟就没事了，非要用呵护受伤的孩子来满足她的母爱。我不想让苏和塔罗也学会那种夸张的亲子配合。"

我说，是不是小杰身体比较弱，所以他的妈妈很紧张他？睿内说，如果是这样的话，那更要多出来锻炼一下，而不是抱在怀里，何况小杰已经10岁了。我觉得睿内说得在理，其实孩子们一起玩，撞一下、摔一跤，都是常事，检查一下没有大问题，孩子们哭两声也就爬起来去玩了，久而久之，我们都习以为常，所以有点无法理解小杰妈妈的这种紧张！

后来，我们又碰见小杰几次，一开始小杰很开心，远远喊托马斯、塔罗他们几个人的名字，想跑过来，他妈妈回过头看了看，好像说了句什么，小杰就挥挥手不过来了。再后来，孩子们慢慢变得陌生了。我有一次问睿内，小杰后来是否有再参加玩耍约会。睿内说，她很少见到小杰放学后出来玩，偶

敲黑板2

如何为孩子安排一次好的玩耍约会？注意以下几点：

（1）孩子们玩得来，成员不需要太多，三四个即可，少则两个。初期的试玩很重要，家长可稍微观察，如果孩子们的小矛盾很快能化解，大部分时间很开心，他们就可以作为理想的玩伴了。

（2）地点多样，家、公园或博物馆等，只要安全有趣，能够激发孩子的探索欲，就都是合适的地点。如果产生了费用，各方家长需要自觉遵守公平原则，AA制或者礼尚往来均可。

（3）家长们三观要比较接近，有相似的教育理念，如通行的道德标准等。家长们之间切忌较劲，要尽量宽容、放松。在孩子偶尔有小矛盾时，以观察为主，不必过多干涉，玩耍约会的目的是让孩子们相互陪伴，学会相处，学习社交技能。大人间的融洽能为孩子们提供良好的社交榜样。

尔会有一两个同学到他家去玩。小杰妈妈曾经有一次请苏和塔罗去他家玩，睿内婉拒了。然后，睿内叹了口气告诉我，他们搬来快一年了，从没见过小杰的爸爸，一直是妈妈和小杰两个人住。

我忽然有点理解小杰妈妈对外界的警觉和不安了，单亲家庭的教育不容易，也许她自己就背着很多迟疑和恐惧的"包袱"。可能每个母亲都在用自己的方式努力保护孩子吧！但是为了绝对安全，让孩子放弃户外的阳光、草地、清风，放弃和小伙伴们一起纵情嬉闹的快乐，是不是有点可惜？

3.3 "妈妈团"下午茶：育儿苦乐"吐槽"大会

我喜欢带孩子去参加玩耍约会，因为这种形式除了可以锻炼孩子的生活和社交能力，我和其他父母们交流起来也很有意思。我在香港的时候居住在离岛，这里少有私家车，只有少量出租车、巴士和渡轮去中环，因此，这里成了有孩子和宠物的家庭的理想居住地，近一半居住人口都是来港工作的外地家庭，人们来自世界各地，中国、欧洲、美国、澳大利亚、印度、斯里兰卡、南非……简直是一个文化融合的大熔炉。

孩子幼儿园入学第一天，我就认识了很多和我们一样的家长，大家很有共同语言，于是有人发起了一项星期三上午的"咖啡时间"活动，每周这一天送孩子们入园后，妈妈们会聚在附近的一家咖啡馆里聊聊天。每次都有10多人参与，我认识了很多有趣的年轻妈妈，她们有的有工作，有的是家庭主妇，有的自己创业，但都把生活安排得井井有条。

大家海阔天空地聊自己的工作、家庭、孩子，来这里聚会成了我每周必参加的一个活动。时间久了，我渐渐和其中几位妈妈越来越熟悉，孩子们也成了玩伴，与此同时，我发现了一个有趣的现象。妈妈们的性格跟她们的孩子都有一些奇妙的关联。显然，早期和孩子共处让妈妈的性格或多或少地都投射到了孩子身上。我想，在别人眼中，我的性格一定也影响着我的孩子，但我自己很难感知。

有一次，大家聊起孩子的性格，于是我就说出了这个现象，大家都频频点头。我一时好奇，就问她们觉得我哪些地方影响到了孩子。

艾拉第一个笑着说："我觉得你的性子有点急，你的孩子也都是急性子。"

"啊？有吗？"我有点心虚，开始回想。

艾拉说："上次我看见一群小朋友上楼，阿莱克斯前面的孩子不知道为什么堵在楼梯中间不走了，后面一群小朋友都停下来了，你家阿莱克斯等不及，就自己贴着墙根挤过去了。哈哈哈！"

我脑补了一下那个画面，虽然没亲眼所见，但必须承认这个情况的可能性，再想想似乎我还真有点这样的急性子。一旁的塔伦也说："对，早上常看见你在前面走路一阵风，你家小男孩们神气十足地跟在你后面！太有意思了！"她们说得很有画面感，大家都笑得很大声。我想，完了，打开"潘多拉魔盒"，收不住了，那索性一起放飞自我吧！我说："中国有个成语叫'旁观者清'，自己什么样，其实别人看得更清楚。你们想不想知道别人眼中自己的样子呢？我先来啊！"

"比如，艾拉，你家的小姑娘特别喜欢照顾人，上次在我家玩，她领了五六个小朋友，横七竖八躺了半个屋子，她一个个给人打针、喂药。最后她还用魔力沙做了一个蛋糕！"艾拉笑得眼泪都快出来了："没错啊！我就是护士，现在还常在家里跟萨沙一起烤蛋糕！"

大家都收不住了，纷纷发表精彩的言论，比如塔伦来自韩国，她开了个小公司，做韩国食品零售，性格阳光，妆容精致，爱交朋友，她家的小男孩特别有明星范，打扮时髦，头发乱一点儿都要自己捋顺了；刚才"无情"揭露我的艾拉是西班牙人，跟我关系很好，性格阳光，喜欢聚会和远足野餐，她的女儿萨沙特别喜欢照顾人，见谁都想去抱一抱，像个小考拉；优米是一位日本母亲，她谦和友好，聚会时喜欢听别人说话，脸上总挂着笑容，她的两个孩子，大的男孩叫赛克，跟我们家阿莱克斯同班，有点害羞，但面冷心细，待朋友很真诚。性格豪爽的凯瑟琳来自俄罗斯，在银行工作，她的数学很棒！她的女儿爱笑爱闹，玩起来很疯，是活力满满的"小战士"，很有舞蹈天赋。大家啧啧称奇，原来自己有这么多宝贵的品格，孩子们在我们身上都学到了不少啦！

我又问了大家一个问题，这个问题一直困扰着我。

"你们有时会不会觉得自己作为妈妈没做到最好？"

"何止有时候！我每天都觉得自己做得不好！"塔伦说。"总觉得如果自己再多努力一下，可能孩子就不会有时忽然哭闹或者生气。每次他一情绪化，我就觉得是我的错。唉……"

我有点意外，塔伦简直就是我的"偶像"，每次看到她无论多忙，都打扮得体，妆容精致，我觉得这种从容我根本做不到。

"但是塔伦，世界上没有完美的妈妈，你要学会接受自己的不完美。"说话的是凯瑟琳，她有一个7岁的女儿和一个4岁的儿子。"每次回国，我妈妈总说我做得不够好，衬衫熨烫潦草，做的饭味道也不地道。我总是回答她时代不同了，我每天有很多工作，还想陪孩子玩，没时间每天亲自做饭，孩子们习惯吃保姆做的饭也很好。慢慢地，我妈妈也接受了！我不完美，但是孩子们知道我爱他们！"

旁边的另一个妈妈艾瑞丝也点点头："我也是。刚开始做妈妈的时候真的好崩溃，看到别人家的孩子好乖，我就觉得自己没有教好孩子，有段时间我很失控，经常训斥孩子，发展到后来常常是孩子哭我也哭，幸好我先生很支持我，一直安慰我，还帮我约了心理医生，在医生的帮助下，我才意识到自己有抑郁倾向。"

艾瑞丝是个总是带着笑意、乐于助人的妈妈，她家的小男孩安迪也来过我家。她不说，我压根看不出艾瑞丝曾经抑郁过。我问："现在完全看不出来啊！你恢复得真好！你是怎么走出抑郁的？"

艾瑞丝说："我看了半年的心理医生，医生一直鼓励我分散一下注意力，把关注重点从孩子身上移开。后来我参加了义工活动，定期去帮助、看望敬老院的老人，过了一段时间，我的心情真的开朗了很多。再回想那时候，为了小事就爆发，斥责孩子，真的像做了一场梦，我那时训的不是孩子，而是我自己。孩子被误伤了那么多次，却根本不记仇……"

艾瑞丝说着说着，眼睛就红了，大家纷纷上前拥抱她。这种时刻，我想每个妈妈多少都能理解和感同身受。

妈妈们的这种"咖啡时间"非常治愈，大家都坦诚相见，交流各种经验教训，分享有了孩子以后的酸甜苦辣。不比较，不评判，打开心门，还原这几年自己的成长和迷茫。

一个叫优奇的日本妈妈感叹说，因为9岁的女儿有打乒乓球的天赋，所以她比一般的妈妈要累，每天放学后除了送女儿去各种补习班，还要雷打不动地一周三次去练习乒乓球。女儿打球回来很累，她好心疼，但还是要逼着她做作业。优奇说，我知道孩子很累，但就怕万一自己不够尽职，埋没了女儿的天分，或者耽误了她的学业，因为她不知道哪一个会成为孩子的未来。优奇的话，让很多妈妈都产生了共鸣。

有个英国妈妈斯黛芬妮说，自己也曾有过这样的顾虑。她的孩子米兰曾经很喜欢拉小提琴，她请了小提琴老师教他。可是学了半年以后，孩子兴趣渐失，又喜欢上了足球。斯黛芬妮自己喜欢音乐，她从小弹钢琴，做梦都想米兰能跟她合奏。看到孩子喜欢足球，她虽然失落，但还是同意孩子放弃小提琴，加入了儿童足球俱乐部。看到米兰在球场上挥汗如雨却那么开心，她觉得自己没那么纠结了，因为孩子也在探索和试错，我们要允许孩子和自己不完美。

回想一下其实我也是一样的。阿莱克斯有段时间很喜欢画画，经常把自己编的故事画出来，而且他的画风特别可爱，每个人物都带着调皮的笑脸，于是我给他报了美术课，可是学了一年以后，他对美术渐失兴趣，每次去上课都不太情愿，兴趣转向了游泳。虽然我多么想有朝一日他们俩能画出让我心醉的美丽油画，装饰我们自己的家。（好吧！我承认我想多了。）最后，我还是同意他们停止上美术课，转去学习游泳。因为，课余时间是他们自己的时间，他们有权选择做让自己真正快乐的事。

年纪越小，放弃成本就越小，但放弃总归是一种"非正常选择"。于是我告诉阿莱克斯，只要你想清楚，可以停止一段时间，我用了"停止"而不是"放弃"一词。我说："学游泳也很好，相信你一定会喜欢。不过画画，你也随时可以再捡起来，因为它也是为了让你感觉更快乐，对吗？"阿莱克斯肯定地点点头。"嗯，我可以不去美术课，周末自己画画吗？"我说："当然可以啊！"后来，不再上美术课的阿莱克斯，对画画兴致还是挺高的，把宝可梦所有的宠物精灵及各种升级版本都画了出来……由于宠物精灵生生不息，目前他的"宝可梦画册"还在继续增添中，已经用掉了三个素描本。（此处，老母亲我应该含泪鼓掌，美术课的学费总算没白交。）

有一次，大家集体吐槽香港私立学校昂贵的学费。我说，现在中国流行一个词叫"内卷"，养娃也内卷得厉害，想让孩子读好点的公立学校，就得买好点的学区房，上私立学校更是要"砸钱"。话头一开，大家都大吐苦水，纷纷指出在她们的国家这方面情况也差不多，想要孩子进好学校，也不容易。原来内卷是全球化的啊。哈哈！这次的集体"吐槽大会"让我顿时看开了不少！

有个法国妈妈杰迪的第二个孩子刚刚上小学，她抱怨说："经济压力很大，前段时间我先生失业了，我们差点交不起学费，幸好他又找到了新工作，不然只能离开香港回国了，让孩子回去上公立学校。"我听说很多国家的公立学校学费低廉，就问杰迪："为什么不让孩子回国在祖父母那里寄读几年？"杰迪连连摇头说不行，且不说当地中产阶级大多不愿让孩子随意进一所公立学校，虽然教学质量差不多，但是校园的人文环境参差不齐，有时候完全取决于校董事会和校长推行的政策；更何况，他们坚持孩子一定要带在身边，祖父母可不能长期代为照看孩子，于情于理都不合适。在座的其他妈妈也一致赞同。

事实确实这样，年轻夫妇独立养育孩子，是一种责任，更是一种特权。责任意味着父母不能缺席孩子的成长，为孩子近身守望；特权则意味着父母作为孩子的监护人在教育孩子时，父母的决策是有优先权的，祖父母辈或其他旁系亲属都要尊重和支持，即使有不同意见，也不能越位，不能跟父母唱反调。在一个小家庭中，父母对孩子的教育，有绝对的权威，这样的好处很多，能让孩子的成长少了很多干扰和困惑，父母也能收获教育的自信。反观中国很多留守儿童之痛，还有中国妈妈的一些苦恼，比如老人喜欢干涉孩子的教育，让人头疼。与之相比，我更加认可这种夫妇二人扁平式养育的家庭文化。

妈妈们的下午茶成了我生活中很重要的社交活动之一，在大家分享鸡飞狗跳的育儿生活的同时，我感觉自己的社交底气也慢慢回来了。

敲黑板3

父母们尤其是妈妈们，在照顾孩子的同时，一定要为自己寻找一些轻松的社交活动。当父母的注意力过度集中在孩子身上时，不仅容易造成父母心理疲劳，也有可能让父母的焦虑影响到孩子。爱护自己，定期放空，和其他的父母们多多交流，也是一种自我保养和充电的方式。心态轻松的父母，更容易养出阳光乐观的孩子。

第 4 章

爸爸带娃是个体力活：一秒入戏，专治各种"不服"

父亲在家庭教育中的权重毋庸置疑。早在原始社会，男性就是部落的保护者，不仅自己要捕猎，还要训练后代捕猎。在现代社会家庭里，父亲通常成为孩子的情商启蒙和成长参照，尤其是那些完成了自身社会角色转化、价值感充沛的父亲，会带给孩子深层次的安全感和成长信心。此外，基于男性特有的简洁理性思维和现实主义视角，父亲往往是家庭关注力分配均衡的重要角色。

在现实中我们常听到很多年轻妈妈的抱怨：孩子爸平时很少管孩子，一旦孩子出现问题，他们又空降瞎指挥，对平日里辛苦的妻子指手画脚，颇多不满。这种人们戏称的"丧偶式育儿"或"诈尸式育儿"现象并不罕见。我认为，化解这一矛盾的办法不是阻止爸爸插手，而是给予鼓励和进行分工。妈妈要学习如何不露痕迹地把某些教育职责转交给爸爸，尤其是他们擅长的那部分。男女思维天生不同，体现在教育方法上都有一定的合理性。所以，家长们除了在原则性问题上必须一致，如安全、品德、健康问题等，不必强求夫妻俩在教育模式上的整齐划一，可以尝试走"互补路线"，实现养育效果最佳化。

4.1 父亲的角色并不轻松：欲戴王冠，必承其重

之前，我常常去学生家给他们上小课，日子久了，我和那些学生们的家人也熟悉了起来。在香港的西方家庭大部分是中产阶级家庭，很多都是丈夫在本地工作，妻子在家做全职太太、做生意、从事自由职业或不需要加班的工作，更多的是照顾孩子。夫妻俩分工协作，各司其职。我对这些家庭最欣赏的一点，就是家庭成员鲜明的性别特点和角色分工。

西方家庭大都是二元家庭，即家庭的主要成员就是丈夫和妻子，孩子则是被这两个成员照顾的"小幼苗"，除此之外没有其他核心成员。这样的好处是显而易见的：第一，没有干扰，夫妻俩更容易在各项家庭决策上达成共识；第二，每个家庭成员的需求都容易得到满足。

妈妈们都很接地气，把家打理得井井有条，对孩子慈爱细心；爸爸们则大多充满阳刚之气，粗犷热情，也很幽默，虽然常常晚上才回家，但是只要一出现，总是自带气场，孩子们会开心地扑上去，等待着被爸爸举高高。每当孩子们向我说起他们的爸爸，都充满自豪和甜蜜，孩子的崇拜是无法假装的，这一切都必须来源于爸爸对孩子真诚的亲身陪伴。

一般说来，西方家庭中父母的分工也是明确的。大部分家庭中，父亲担负更多的经济责任，母亲的角色则侧重于孩子的守护者和安抚者。父亲除了不能缺席孩子的成长，还要扮演"救火队长"，比如和孩子严肃沟通一些重要问题，等等。父亲的沉稳、公正、支持，是和睦家庭的基础。

对上班族来说，周末是重要的亲子时光。一到周末，小区的广场上总是人头攒动，几乎所有的家庭都是夫妻俩同时出现，带着一两个欢呼雀跃的孩子。夏天，爸爸们来瓶啤酒，妈妈们喝着咖啡，坐在户外的咖啡馆或餐厅，孩子们则在旁边的空地上自由玩耍，释放自己的能量。有的家庭会去海滩待上大半天，有的家庭会去远足，孩子走累了，爸爸就把最小的孩子举起来架在脖子上。周末去户外活动是一种让一家人都得到放松的好办法，同时也让孩子拥有了同时被爸爸妈妈陪伴的幸福体验。只有经过日积月累的真诚的陪伴，父母才能和孩子建立牢固而亲密的信任和依赖。

当然，爸爸们要保持这种光辉形象，确实要付出很多精力和耐心。俗话说，欲戴王冠，必承其重！

父亲的角色在孩子成长中的权重，绝对是随着孩子年龄增长而逐渐增加的。这里，不得不提到被很多妈妈们吐槽的"丧偶式育儿"。丧偶式育儿，破坏的不仅仅是夫妻之间的联结和默契，更会对孩子未来的人格发展造成负面影响。缺少父爱或未被父亲正面形象熏陶的孩子，成年后较大概率会出现人格缺陷和社交障碍。缺失父爱的男孩子，容易走两个极端，要么叛逆孤僻，要么过度依恋母亲，成年后也容易形成错误的婚姻观，遭遇婚姻困境。缺失父爱的女孩子，较大概率会形成缺爱型人格,在情感上跌入低认知的困境或过度索取的怪圈。

以上绝非危言耸听,而是经过大量真实的心理咨询案例验证过的。孩子对父亲的感知,从几个月学会识别人脸时就开始了。幼年期的孩子从母亲那里得到安全感和母爱,从父亲那里得到对世界的初步认知,并感知自己与世界的关系。

儿童期以后的孩子,更是从父亲和自己的互动中,学习情商、生活经验及待人接物等多种技能。这时候的孩子,对父亲的依恋往往达到峰值,父亲的形象会烙印在他们的心中,成为他们建立安全感和探索欲的基础和来源。

青少年期,孩子从父亲身上学到的东西就更多了,父亲跟家庭的关系,往往也是一个孩子情感观的起点。这些东西,如果不能从父亲身上学到,孩子就会从外界良莠不齐的信息中获取,如果孩子接触了劣质信息源,就特别容易走偏。这就是为什么我们说,父亲在家庭中不仅仅负有经济责任,更负有养育责任。教育一个健康优秀的孩子,父母必须同心同德、精诚合作。

有时候我看着周末的小区广场上,常有全家出动遛娃的西方家庭,那些爸爸们简直就是"爸爸俱乐部"的一股清流,或者说是泥石流。他们充满控场力的表演天分和他们对付熊孩子的手段,让人忍俊不禁。

如果小家伙被什么吸引了,停下来死活不肯走,妈妈劝说无果,这时人高马大的爸爸会把小家伙轻松地捞起来放在肩膀上继续前进;又或者小家伙不留神摔了一跤,刚发出了几声嘹亮的哭声,爸爸就及时赶到,用熊抱让他把疼痛统统忘掉;妈妈们这时往往特别放松,大家都清一色的T恤、短裤、凉鞋,遛娃虽重要，但也要争分夺秒地享受属于自己的悠闲时光。

这群外国爸爸们对付小孩子的手段高超，让人大开眼界。一次，我看见一个五六岁的小男孩缠着大胡子爸爸请求着什么，又跺脚又摇头的，我偷听了一会儿，原来孩子想去便利店买鱼丸。爸爸说："不行，你已经吃6个了，一会儿回去吃不下晚饭，妈妈会生气的。"孩子继续死缠烂打，大胡子爸爸脸色沉了下来，看上去有点凶，我真替这嘴馋的小家伙捏把汗。谁知，这个"冷面"爸爸的下一句话却是："宝贝，既然你没明白，那么我不得不开启我们的'宇宙问答'了！"只见他往T恤口袋里放了一包面巾纸，用机械音说："你好！我是一台宇宙机器人GX7205，这是我的Yes/No按钮，聪明的人类，你可以对我提出三个问题，按下我胸前的按钮，我会告诉你宇宙唯一的答案。认真选择你的问题哦！只有三次机会！哔哔哔哔……"

这是要干什么？我一下就被这个"戏精"爸爸吸引了。还别说，这"机器人"挺全能！不但会说《星球大战》黑话，还自带声音特效！小男孩的兴趣果然被激发起来了，轻车熟路地爬上爸爸的胸膛，大声说："6个鱼丸！"然后，虔诚地"按"下了爸爸胸前的面巾纸开关。

这个"按钮"很灵敏，刚刚按下，小男孩的爸爸，哦不！是"机器人"——冷面大叔马上变身大怪兽，眼睛瞪得像铜铃，用极其暗黑的声效低吼："NOOOOOOO！"夸张的狗熊音，配合胡子拉碴的气场，硬是把一个冷冰冰的"NO"演绎成了表情包。小男孩被拒绝后，不但不恼反而咯咯大笑，看来很受用啊！不过小男孩还是不死心，等"机器人"停下来，他又拍了拍面巾纸并大声说："6个鱼丸，Please！"这一次，"机器人"的拒绝来得更加猛烈，索性伸出来两只大手逮捕这个执着的小家伙，地动山摇，爷俩笑成一片。

这种日常"创意"真的让人大开眼界！孩子也彻底忘记了鱼丸的事，欣然接受了爸爸为他量身定做的"挠痒痒拒绝豪华套餐"。可以想见，被这样的爸爸陪伴长大的孩子，养成开朗幽默的好性格还不容易吗？

当然，自带幽默感的爸爸是可遇不可求的，但是大部分爸爸只要用心，一样可以触及孩子的内心。小马有个英国同事，是个典型的绅士爸爸。他家的男孩子盖比和阿莱克斯同岁，所以我们两家经常在一起玩。有次我们一起去山顶远足，男孩们一人捡了一根树枝开始搏击。玩着玩着，场面就有点收不住了。眼看步行道快走到头，要坐电车了，我们喊他们别玩了，把树枝扔了。阿莱克斯和托马斯都听话地扔掉了树枝，可是盖比不知为什么就是不肯扔，大概是觉得树枝挺趁手，央求爸爸让他把树枝带回家。想想一会儿我们要坐轮渡回去，这根2米多长的树枝会招来多少"羡慕"的目光……盖比的妈妈苦笑着看向老公，于是爸爸出大招了。他和儿子边走边谈判：

"盖比，你一定要把它带回去吗？"

"嗯！爸爸。我觉得它很有用。我想把它搭在床边，做一个怪兽衣架。"

"好吧，这个想法不错。你先告诉我，这个衣架的成本你觉得是多少钱？"

"树枝免费，我把它带到码头，我们坐船回家，没有成本。"

"不对，轮渡对超过2.5米的物品是不免票的。你需要为它买票。儿童票30元,这个就假定15元吧!"

"哦……那我用零花钱给它买票。"盖比开始迟疑了。

"轮渡过后还要坐巴士回家,对吧?我们假设巴士可以免费搭乘。但是晚上的巴士很挤,上面还有很多小朋友的童车哦!如果妨碍了童车停放,你知道的……你就必须丢弃它。"

盖比似乎开始犹豫了。爸爸接着说:"这个树枝确实很漂亮,但是你看它的水分很多,还有苔藓,要想把它做成衣架,需要先烘干,比如在太阳下暴晒48~60小时,还要涂特殊的油漆……成本嘛,待定,但我估计你下个月的零花钱要全部用完了。"

盖比不说话了,看得出他本来是想跟爸爸认真商讨的,但现在动摇了。

爸爸不紧不慢地补上了最后一句:"我看这个树枝像是梧桐树,你记得吗?我们家后山上就有一大片,开紫色花的那种。"

"那我还能做衣架吗?我如果省下运它回家的船票,够买油漆吗?"

"当然可以,我觉得你的思路很好!原料充足的情况下,就地取材是最优解,可以节约物流成本。"

我看见盖比恋恋不舍地把手中的树枝扔回树丛,不禁感叹,这个爸爸到底是做财务出身的。这一顿操作,压根没把盖比当成孩子,简直就像是在教小实习生啊!

又过了一阵子,我再去盖比家,他的床头真的竖起了一个用大树枝改造的衣架,被漆成了漂亮的蓝白色,上面挂满了奖牌和小相片。盖比的执着也是让人肃然起敬啊!这就更说明了,有一个思维严谨、时刻提醒孩子回归理性的爸爸是多么幸运的一件事!

敲黑板1

> 父亲在现代家庭教育里的分量举足轻重，丧偶式育儿不可取，否则无论是对孩子的性格还是童年幸福感都会造成不良影响，好的亲子关系都是需要耗费时间和精力，通过亲身陪伴和共同体验来打造的。而父亲性格中的果敢、创意、粗犷、坚定等要素，也会在孩子心灵深处扎根，帮助他们建立冷静客观的心理基础。即使父亲真的很忙，每周也要尽力抽出一些时间跟孩子深度相处和交流。

当孩子们皮起来、犟起来、浑起来，温柔的妈妈们有点招架不住的时候，就是爸爸们放大招、挑大梁的时候了，不论是宅男型、绅士型、导师型、心大型、憨傻型……如果说妈妈是孩子的情商顾问，爸爸就是孩子独立人格发展的启蒙老师。带娃的困难是有限的，爸爸们的创意是无限的。爸爸们，想要得到孩子发自内心的崇拜，不一定要化身为机器人或精算师，最重要的是留出自己的时间，全心全意地陪伴孩子。

4.2 禁不禁游戏？一个难以抉择的问题

关于这个问题，可能每个家庭都有不同的答案。这个问题在当下的法国社会也很有代表性，家庭游戏和规则如何均衡互益，如何帮助孩子延迟满足和获得成就感，是后续产生学习动力的关键,也是学龄前儿童要上的重要一课。

现代社会让我们每个人的成长时间线越拉越长,每个人不论年龄,不论职业,都在不断地刷新自己的认知,适应这个瞬息万变的世界。只要一停滞不前,很快就会被社会淘汰。工作是这样的,很遗憾,教育亦是如此。要想让孩子在成长中获取更多的时代红利和资源,我们必须不断地更新教育知识,并且甄别良莠,不要被有害的、过时的信息带偏,影响孩子的成长。

这里,我想好好跟大家探讨一下孩子玩游戏的问题。

孩子越来越大,到底该不该禁止玩游戏?这个问题,每一个学龄儿童家庭都避不开。男孩有男孩喜欢的游戏,女孩也有女孩中意的游戏。你可以痛斥游戏产业发展畸形,电子产品无孔不入,你可以感叹从前的"车马慢"时代被数字化时代终结,一去不复返。关于这些,吐槽三天三夜也说不完。但是,吐槽过后我们仍要接受现实,直面当下。

当下的现实就是,在现代生活里,成年人离不开手机,孩子都喜欢玩游戏。

且不说,禁止玩游戏在当前的数字化时代,是多么困难的一件事。就算家长们想尽一切办法,把孩子们与游戏隔绝起来,一开始也许有效果。但是等到孩子入学了,开始与同龄人交往,走进了孩子们自己的"小社会"后,玩不玩游戏?玩什么游戏?玩得如何?游戏将成为孩子们建立友谊绕不开的话题。不论我们愿不愿意,都必须承认,心智尚未成熟的孩子,天性追求新奇和感官刺激的孩子,是无法与扑面而来的资本巨头支持的游戏产业"巨浪"相抗衡的。

既然如此,我们的家庭教育就要与时俱进——退一步,求共存。

所以我认为"该不该让孩子玩游戏?"这是一个伪命题。因为无论你想不想、让不让,铺天盖地的游戏就在那儿,就在孩子成长的道路边。不光是游戏,还有网络小说、航模、卡通手办……凡是比读书有意思、能给孩子带来乐趣的事物,都能成为分散孩子注意力的干扰源。

严防死守,不让孩子玩游戏,也许是很多家长共同的做法,但操作难度极大,同时也容易产生以下困扰:

(1)孩子持续压抑好奇心,有时候这种执念反而会成为另一种伤害,"偷走"孩子的幸福感。

(2)游戏不仅是一种娱乐,而且是校园社交内容的一部分,完全不懂游戏、不玩游戏的孩子,在社交中不容易找到认同感。

(3)现代游戏企业造势无孔不入,有些孩子根本禁不住诱惑,偷偷玩反而更容易上瘾和痴迷。

既然很难禁绝,我们是否可以考虑与电子游戏和解、共存呢?不想让孩子变成游戏的俘虏,也不想让孩子失去童真乐趣,家长们真的太难了!但是办法还是有的。

先说说我们家的情况。两个孩子7岁以后,我们也面临这一选择,经过讨论,我决定听小马的意见,把游戏机放进了年度奖品里。他的观点是,与其让孩子到学校听别人说什么游戏好玩,被带偏,还不如我们亲自帮他们挑一个既不暴力又能学东西的好玩的游戏。

很多家长可能会问,游戏还能让人学东西吗?别说,还真能。好的游戏，可以帮助孩子培养统筹、流程、排除、归纳等思维方式，还有项目学常识。比如，要打败一个大Boss，操作流程必须一气呵成，一个细节不到位可能就会前功尽弃。又比如，在玩《动物森林》游戏的时候，孩子们记住了他们在岛上抓到的所有鱼和昆虫的名字，而那些都是根据生物学真实考据而设计的……也算是家长无奈中的一点安慰吧！

转眼已经四年过去了，先说一下结果：孩子们和游戏共处得很好，制定的时间表和规则基本上没被打破过。2020年，因为新冠疫情吃紧，外出休假都取消了。孩子们的生活就是工作日线上上课，周末上午玩游戏，下午户外活动（游泳或滑轮），基本上做到了劳逸结合。他们最喜欢玩的是塞尔达、宝可梦，还有马里奥系列，弟弟托马斯还用他学的Scratch编程语言，编写了很多比较幼稚的小游戏，表达他对一众游戏人物的深爱。但是因为我们提前设定了规则，孩子们虽然喜欢玩游戏，但自控力都很好。时间一到自觉停止，该干什么干什么，我和小马别提多省心了。

其实我们就是做对了一件事，即我们把游戏变成了正念—边界—舒适系统里的那个舒适区，而且这是一个相当强大的舒适区。所以，为了达到这个舒适区，一些边界是需要死守的。比如，周一到周五，不能玩游戏；作业一定要完成，如果作业太多，占用了周六上午的游戏时间，下午户外活动可以提前两小时回来玩游戏，玩到吃晚饭。但作业是最高优先级，不完成学习任务，玩游戏想都别想。

这几条边界看似简单，实行起来却不那么容易。比如，周六如果需要看牙医，能补玩吗？下午天气不好不能运动的时候,能继续玩游戏吗?对于这些情况,我们都要根据实际情况具体分析,只是要把握住一个原则,既要尊重孩子玩游戏的权利,也要动态把握他们玩游戏的时间,如果觉得时间太长,就找个理由带孩子们出门去吹吹风,远离屏幕。

不得不说,在这一大胆举措实施之前,我们也有点小忐忑。但是后来我们心里越来越有底,因为我发现情绪价值和娱乐需求都得到满足的孩子,不但会安心遵守规则和边界,而且会在其中找到安全感和幸福感。

当游戏进入孩子的生活后,家长还可以以此为契机,试着解锁两个"彩蛋"。

1. 培养孩子的专注力和科学管理时间的能力

在我家,由于小哥儿俩的日程基本相同,所以我们很注意避免两个孩子相互干扰。一个孩子的作业没做完,另一个绝对不能在旁边玩游戏打扰别人。在他们做作业和学习的时候,我们做到"三清场"——电子产品清场,手机电话清场,避免互相交谈。作为监护人,我们也不碰电子产品,只要坚持做到这些,时间一长,孩子就会养成专注学习的好习惯,并保持下去。

在我们为孩子制定玩游戏规则时,也参考了时间管理的方法。比如,一天中越重要的事情,越要放在前面,但在具体任务清单上,把容易完成的小目标放在最前面,把游戏时间放在周末,培养孩子的延迟满足能力,等等。

2. 利用游戏里的新手引导,帮助孩子养成独立学习的习惯

什么叫新手引导呢?这就要从游戏本身说起了。游戏的本质是把复杂的事物条理化,游戏很多玩法的设计,都源于生活、来自人性。经过游戏公司专业团队的精心打磨,游戏开发人员将规则设计得比现实更清晰,反馈更明确,更洞悉玩家的想法。一个刚刚上线的商业化网络游戏,怎样让一个初次玩游戏的人爱上它呢?答案早就藏在游戏设计中了。比如,好看的人机界面,漂亮有趣的人物,一开始非常容易过关的难度设置,以及很容易获得的新手礼包和奖励等,让玩家在游戏中得到满足感和成就感。这些情绪价值得到满足后,新手才会一直玩下去。关于这些小心机,有一个专业术语叫新手引导。新手引导是游戏开发中很重要的一个环节,没有这个环节,游戏便无法打开市场,更无法吸引长期玩家。

新手引导,也是孩子们玩游戏容易上瘾的原因,家长们对此痛恨至极。既然我们没办法和游戏公司的专业团队抗衡,那么不如积极借鉴,把新手引导的精髓用在帮助孩子学习上。听上去很高深,其实很简单,如下图所示。

商业电游的新手引导与学习中的新手引导

	商业电游的 新手引导	学习中的 新手引导
两种正念—边界—舒适系统元素对应(部分)	好看的人机界面	学习过程中对孩子的支持、鼓励,采取温和正面的态度,切忌训斥
	一开始非常容易过关的难度设置	把难度高的学习目标分散成多个容易实现的小目标
	开局宝箱+易获得的宝物奖励	对孩子学习中的进步,给予语言鼓励或物质奖励
	连续七天登录会额外奖励宝物	对孩子坚持下来的良好习惯给予额外的奖励

敲黑板2

在如今的时代,电子游戏已经渗透到我们的生活中了。如果我们全面禁止孩子玩游戏,不仅执行难度大,而且容易让孩子的游戏活动"转入地下",这样更易成瘾。建议家长借用游戏中的"新手引导"机制,为孩子选择高学习性、低成瘾性的游戏,并且把它变成正念—边界—舒适系统中的奖励元素,引导孩子让游戏助力学习动力,通过努力自主获取娱乐自由和情绪价值,增加幸福感。

相信经过上图的对应分析,你会明白,为什么孩子爱玩游戏,不爱学习。因为在现实中,我们总是关注学业,忽视了孩子无论做什么事都渴望得到的情绪价值。家长和孩子都明白学业的重要,但是即便如此,孩子也不希望痛苦地学习,他们渴望在学习中同样得到一些快乐和满足。这就是为什么有的孩子会厌学,因为他们无法从中获得乐趣。与其苦口婆心地说服他们学习,不如花点心思,为他们设计一个小小的舒适系统,一旦孩子适应了这个小循环,爱上学习只是时间问题。

关于允许孩子玩游戏,还有一个小贴士。由于多数男孩对玩游戏更加执着,所以如何正确引导孩子玩游戏,多数时候是爸爸义不容辞的"任务"。基于天性,爸爸们对五花八门的电子游戏的优劣有着天生的敏锐性和识别力,所以他们对孩子的引导和建议更有说服力。所以,爸爸们一定要知道自己的孩子在玩什么游戏,玩到什么级别,是否成瘾,游戏时间可否有所减少,等等。

比如，电子游戏有优劣之分：有的游戏主要功能是社交，但是占用大量时间；有的游戏可以锻炼思维，而且容易管理时间。这就需要爸爸们从一开始就介入，引导孩子选择利大于弊的游戏。一旦孩子们一开始接触的就是高质量、低成瘾的游戏，他们对游戏挑选的阈值会越来越高，对低质量的游戏就不会再有兴趣。当你见识得越多，就越不需要低级刺激。这也会从另一个层面减少孩子玩游戏的时间成本。

各位爸爸们，你知道你家孩子玩游戏吗？玩什么游戏？最喜欢什么游戏？什么游戏更适合你家孩子玩？什么游戏能让孩子受益？如果不清楚，那从今天起，做孩子的"游戏管理员"吧！管理好孩子的游戏生活，就守护了他们的娱乐世界和精神空间，用"新手引导"机制，帮孩子们鼓足干劲，让他们既能收获学业硕果，又能得到童年的幸福感。

敲黑板3

据我的经验，以孩子成瘾度为标准由低到高排列，选择游戏的优先级如下：电视联机联网游戏（如马里奥系列、动物森林、宝可梦等）＞电脑联网游戏（如我的世界、ROBLOX）＞页游或电脑端游戏＞iPad游戏＞手机游戏。对游戏设备的选择上，电视联机联网游戏或电脑联网游戏好过iPad游戏和手机游戏。强烈建议推迟孩子使用触摸屏iPad和手机的时间，因为这些移动设备操作简便直观，反而会抑制和扰乱大脑统感功能，建议6岁以下的儿童，尽量少用手机和iPad，可以让孩子早一点接触电脑。当孩子从单机游戏过渡到联网游戏时，父母一定要监控和引导，创造良好的游戏环境。

4.3 公平和努力：家庭迷你王国的显规则

你可能会问：家就是家，为什么要把家叫作"王国"呢？在我看来，一个现代国家能够稳定和发展的基础是什么？是公平和均衡。最理想的国家体制会确保每个群体都得到足够的物质资源、精神支持和幸福感。一个健康的家庭，也应该努力具备这一点，那就是求同存异、融洽包容、各得其乐。这样的家庭才能教育出高情商和有道德的孩子。

既然要把家庭当作迷你王国来经营，那就需要有"国策"。想要教育出三观正的孩子，我们就需要让他早早理解家庭迷你王国的"立国"之本——公平和努力。

把努力变成家庭的显规则，激发孩子的潜能，让他们远离懒散

每个人对自己长大的家庭都有一个独特的印象，家庭教育的格局也有大小之分。打个比方，父母的不同教育方式就像金字塔阶梯，处在金字塔底的，大多是那些恨铁不成钢的父母，比如我妈。记得小时候，我妈训我的经典语录是："大人一天到晚为了你累得要死，你考这么点分，对得起我吗？"相信我们这代人对这种训孩子的话耳熟能详："我累死累活！你就知道玩，不学习！你这孩子没良心！人家能考那么高的分？！你为啥不行？"

这几句话错了吗？一句都没错。可是，在我看来，这几句信息量巨大的话之间没有任何关联，逻辑是不通的。所以当满腹委屈的家长，把这几句话扎成一捆，一股脑儿砸进孩子耳朵里的时候，并不会引发多少正面刺激，因为孩子稚嫩的大脑处理不了那么多跳跃的信息，所以索性就放空了。当时虽然我不敢顶嘴，但脑海里会这样回应："你累关我啥事，又不是我让你加班的……"或者"要不是你逼着我，我早就不想读那破书了……"

时代在变迁，父母教育孩子的话术也进步了。现在的家长们，大多不再动辄用自己的烦恼"绑架"孩子，而是动之以情、晓之以理，比如："这门课太重要了，可不能放松啊！"或者"再刷几套题，一定可以提10分！"这类可以看成是处于金字塔中层的父母的"鸡娃"话术。"鸡娃"是近年兴起的一个网络流行语，大致的意思是父母为了孩子能更加优秀和出色，给孩子安排学习任务，动员孩子去拼搏的行为。

"鸡娃"逐渐流行，成为很多家庭教育的主旋律。"鸡娃"话术很有针对性，但都是对症战术，没有把全局呈现给孩子看。不过，比起之前的说气话已经进步很多了。孩子能感受到父母无条件的支持，就算可能没什么实际帮助，至少全家的劲儿在往一处使。

那么，家庭教育沟通术的金字塔上层是怎样的呢？

更有效的沟通不是张口即来，想到哪里说到哪里，而是需要一点思想做铺垫和打底的。如果父母早早把"努力"一词植入孩子的观念中，那么前面那几句跳跃式的训话，就可以换一种表达方法，也让孩子听起来更容易走心。我们用一个具体实例来说明一下。

妈妈下班回家，见到孩子愁容满面。

孩子："妈妈，我数学又考砸了……"

妈妈："抱歉，妈妈今天下班晚了，今天化验室有点忙。妈妈先休息一下，然后看看你的卷子，可以吗？"

孩子："嗯！好的。"

（妈妈先休息一下，让自己情绪稳定下来，然后走过去仔细看了看试卷。）

妈妈："嗯……这个成绩确实可以再提一提。不过你看！一下子揪出这么多错题，这次考试太有用了！不然都不知道你有这么多地方没弄明白呢！只是一次小考试，这其实是好事！我们找时间好好做一遍搞懂，下次不就不踩坑了？"

孩子："唉！数学好难！"

妈妈："妈妈理解你，感到难了，说明你学进去了。你不是喜欢化学吗？化学实验的精确配比，是很美妙的，就是用数学方法计算出来的。你真的做了化验员，就不会怕数学了，它可是好帮手。"

孩子："嗯，妈！我想跟你一样做化验员。"

妈妈："我姑娘又心细又利索，以后肯定是个超棒的化验员。别急，咱们先从错题开始一个个搞懂（摸摸孩子的头）。你仔细研究下！不会做没关系，可以问老师，需要什么资料你跟妈妈说，我们去找！不要急，我们慢慢来。妈妈现在去给你做饭！"

同样的情景，同样想传达关切，如果用类似这样的方式，效果肯定比直接训斥孩子要好。这段对话里，隐藏着一条逻辑——实现梦想，就要努力；只要努力，就有进步。这种积极努力的心态，最好提前植入孩子的内心，因此家庭迷你王国的显规则熏陶至关重要。

努力的显规则熏陶其实就蕴含在每一天的生活里。在家里，爸爸妈妈努力工作，尽力为家庭创造美好的环境；孩子努力学习，每天都有进步，为自己赢得未来——每个人都努力做好需要做的事，即使不完美，也要尽力做到最好。父母的言传身教非常重要。如果在孩子心目中，对父母的第一印象是努力勤勉，孩子也会不知不觉地认同并习得这种重要的品质。

我在给学生们上课的时候，有时候说起他们父母的职业，孩子们都是由衷地崇拜和骄傲。有的告诉我，爸爸经常出差，他是一个特别厉害的飞行员！有的说妈妈很忙，她是一个很能干的医生！那种骄傲的神采，从孩子们眼中自然流露出来。有了这样的榜样，孩子在内心会深藏一种小小的英雄主义，当他们被要求在学校也要像父母一样努力时，他们会觉得自己也加入了这光荣的行列，就会动力十足。

用父母的高度为孩子搭建起成长的格局，孩子就会接收到积极的暗示。孩子如果眼中看到的都是自己渴望的目标和需要为之付出的努力，那么就会竭尽全力做好，其他的困难和干扰都是小插曲。

这里，还有一个重要提示，要想激励一个孩子，最好是强调其努力、灵巧、理解力好等综合实力，而不要过度夸奖聪明。为什么呢？来看一个案例。

一位家长跟我说，他以前一直夸儿子聪明，是想鼓励儿子，可后来他发现自己错了！我问他为什么，是孩子让你失望了？

他说，不是。那天他的孩子说："爸，别再夸我聪明了！"他很意外，就问："为什么？爸爸觉得你挺聪明啊！"

儿子说："我知道，你夸我是为了鼓励我，我其实也爱听，但就开心那么一会儿，然后我就开始难受！我班上的好朋友有时候也会夸我聪明。所以，我就觉得这名声真酷，可不能丢了。我特别害怕，哪天他们忽然发现我其实没有他们想的那么聪明，怎么办？我小的时候练琴，老师和你都夸我聪明，我越得意就越怕搞砸。你还记得我钢琴考级没考五级，直接跳到六级那次吗？你们都夸我厉害，跳级了！其实是因为五级的曲子我总是练不好，我怕失误，就干脆放弃了。到现在也是这样，我怕别人不夸我了，所以稍微难一些的曲子，我就绕过去了，宁可不弹，我也不想听别人说我不过如此，其实没那么聪明！爸！我输不起，我装也装下去！"

这位家长说，他听了才恍然大悟，怪不得平时总觉得奇怪，为何孩子心理压力总是那么大，原来是自己对孩子不恰当的定义和期待惹的祸。

其实，只要稍微留意，我们会发现很多教学经验丰富的老师在日常教学中，夸奖学生时也会很谨慎，即使夸奖，也会很客观地评价，比如，强调刻苦、博学、熟练等，而非聪明、有才华等。因为公开表扬是一种很高的荣誉，虽然可以增强学习氛围，刺激别的同学竞争看齐，但同时也会给成绩优异的学生带来很大压力，有时甚至会导致他们考试发挥失常。无论多么优秀的学生，毕竟是孩子，心智尚未成熟，内心还不够强大。那么那些总被夸聪明的孩子，如何为自己的压力寻找出口呢？一般有两种情况：要么意志薄弱，遇到一点挫折都会反应剧烈，喜怒无常；要么选择取巧，倾向于避开艰难的任务，止步不前。因为他们在潜意识中认为，只有取得好成绩才能获得别人的承认，而任何挑战都有可能失败，因此干脆就不前进，以维持自己的形象。

举一反三，我们对孩子夸赞的重点应放在他们所付出的努力上，而非只看结果。夸他们学习勤奋，而不夸他们成绩优秀；夸他们持之以恒，而不夸他们成果傲人；夸他们某件事情做得很好，而不夸他们是个好孩子；夸他们守时自律，而不夸他们运气好；等等。只有这样，才能减轻孩子们对犯错和失败的恐惧心理，才会让他们积极地去接受新的任务、拥抱新的挑战，并且不惧偶尔的失败，拥有继续发现世界的勇气。

公平原则是孩子行走社会的"导航仪"

接下来，我们谈谈家庭里的公平原则。

孩子，是每个家庭娇嫩的"幼苗"，因为他们年纪尚小，需要帮助和引导，理应得到资源倾斜和细致保护，但是即便如此，家庭中依然要奉行公平原则。因为不论大人还是孩子，每个人都有被爱和享受幸福的权利，要想营造这样的家庭氛围，就必须有一些明确的、大家都认可的规则。没有家庭成员可以为所欲为、予取予求、无度索取，孩子也不能例外。过度给予其实并不健康。确实存在很多为了不让孩子受苦，无限牺牲自己的父母，我们可以理解他们爱得深沉，但总有一天，他们会发现，用溺爱浇灌出来的不一定是花朵，也可能是"巨婴"。而"巨婴"在这个世界上，注定结局堪忧，没有立足之地。

事实上，大多孩子的天性是乐意给予的。仔细观察，你会发现，很多幼小孩童，甚至还不会说话，就喜欢给别人"投喂"食物，或者把玩具塞给身边的人，看到对方惊喜的反应，也会流露出天真快乐的笑容。这就是人类的一种自然本能，希望改变世界并看到回应。我们要做的，就是鼓励和培养这种本能，并让孩子的给予得到回应和鼓励。把家庭当作一个充满温馨的迷你王国，由妈妈和爸爸共同管理，孩子在其中快乐成长，让孩子学习家人间相互扶持的精神和感受被认同的安全感，其实是一种很积极的家庭经营理念。

在这一点上，我感觉中国家庭和法国家庭有着明显的不同。大多数中国父母对孩子总是尽量照顾，希望自己童年的遗憾不再出现在孩子身上，所以不自觉地替孩子"剔除"了大部分的挫折和困难，希望他们的童年被爱环绕，无忧无虑地生活。在中国大部分家庭里，父母对孩子的照顾和关爱，简直无微不至，令人动容。

而在西方社会，家庭中每个成员各生命阶段的需求都是鲜明标记出的，家庭关系中也追求权利对等。法国家庭一开始就划定了孩子在家庭中所处的位置，孩子从来都不是家庭的绝对中心。为了向幼小的孩子传达这一信号，在孩子幼年期，有时候父母会刻意暂时忽略对孩子的关注，让他们被动练习延迟满足。

我在户外常常看见这种场景。公园里一家几口来郊游，大孩子们正在跟妈妈一起忙着什么，而最小的孩子想去荡秋千，却够不着秋千架，她一着急，就开始哭闹。大家听到哭声，朝小女儿看去，妈妈马上猜到她想荡秋千，需要帮助。但妈妈的第一反应不是马上把她抱到秋千上,而是假装惊讶地问:"哦!你要做什么,宝贝?"如果孩子依然哭闹,妈妈通常不会满足她,而是面带笑容地鼓励她,让她慢慢表达自己,直到孩子稍稍镇静下来,清楚地表达出自己想玩秋千,这时妈妈才会笑嘻嘻地把她抱上秋千,有时候兄弟姐妹也会来帮忙。大家嘻嘻哈哈地推着秋千,这时孩子可能还会被鼓励说"谢谢"之类的,有时候也不会,但是孩子的需求得到了回应,其本身就已经得到安全感了,这时孩子表达诉求的模式会得到加强,哭闹就会越来越少。

这是一个很常见的鼓励孩子用语言而不是哭闹表达诉求的小场景,其底层逻辑就是公平。孩子在获取关注的同时,也学会了礼貌和耐心。他们将很快适应这种规则:父母爱我,但不会永远无条件地提供一切服务。我正在长大,我也可以用力所能及的方式表达感谢和爱,不能理所应当地索取。

父母尽早教会孩子公平原则,有以下几个好处:

(1)公平原则拒绝特权,但不拒绝宠爱。我们对孩子依然宠爱呵护,而心中有公平原则的孩子,会更加强烈地感知爱,并试图以自己的爱来回报别人。

作为一名汉语老师,有时我会给年纪很小的孩子上课。低龄儿童上课时,需要老师用很多拥抱和肢体语言来表达鼓励和肯定。这些肢体语言总是让孩子们精神振奋,也使课程进行得更顺利。有一个叫波丽的5岁小女孩,有一段时间每次来上课,都高高兴兴地带给我几朵路边摘的野花。她妈妈说,是波丽自己坚持要摘来送我的,因为我每次下课前都请她吃一块巧克力,还会拥抱她。这种来自孩子的感谢,真的好甜蜜。而他人对这种感谢的回应也构成了让爱流动的闭环,让孩子们获得自信和成就感。懂得回应爱的孩子,像小天使一样可爱!

(2)公平原则是孩子的安全感和底线。在他们遇到不公平对待或霸凌时,有底气为自己发声。

在家庭这个迷你王国里,孩子们从小就被鼓励学习如何表达诉求,如何遵守规则,如何取舍和妥协,这也为他们今后走向社会做了心理铺垫。因为努力和公平也是社会大环境下的生存准则,早早接受和认同这两个理念的孩子,独立后对社会的适应能力会大大增强,能避免很多困扰。

把公平原则深植于心的孩子,如果有一天真的遇到了不公正待遇,就不会困惑和迟疑,而是敢于提出异议,因为他明白自己的诉求基于公平原则,是合理的,应该得到支持。父母也要以公平为原则,该"护犊子"的时候千万别退缩。这时你不单单是在保护孩子,也是在维护社会公平,一定会得到别人的赞同和支持。

敲黑板4

在家庭这个迷你王国里,努力和公平,是家庭里亲子沟通的基础和准则。孩子正确的三观和良好的情商都来源于此。努力和公平缺一不可。懂得努力才能获得成功的孩子会专注目标,能够战胜懒散;理解公平原则的孩子会懂得对爱做出回应。这两个原则适用于所有家庭成员,从而保证了每个人均衡地获得关注和资源,从而获得归属感。从这个意义上说,家庭就是一个大的爱的内循环的正念—边界—舒适系统。

作为家庭教育的大环境，社会的规则感也是家庭教育重要的参考标准。在法国，社会的规则感很强，每个阶层都有自己的权利主张，因此社会体系被设计得十分细致，有时甚至到了古板的地步，这种氛围也对孩子起到了一定的潜移默化作用。

学校里也处处都有公平教育的痕迹，但是学校只延续公平教育的后半部分，即孩子和社会生活的接轨。孩子幼年期被熏陶过的家庭资源公平原则，则关系到他们今后的世界观和人生观的建立，父母一定要重视并帮助他们巩固。近年西方风行的正念教育，就是在公平原则的基础上产生的。在家庭这个虚拟的王国里，父母接纳孩子的合理需求和自我认知，同时鼓励他们遵守边界，通过规则和边界将自己和谐地融入原生家庭和社会生活中，帮助孩子兼顾需求和公平，实现自我和世界的和平相处。

第 5 章

学龄期的"沙场":全世界越来越趋同(6~10岁)

法国的国民教育体系，可简单概括为"佛系"小学、"繁忙"中学和"丛林"大学。法国的教育体系是三年幼儿园+三年小学+三年初中+四年高中。其中，幼儿园和小学并称为"初等教育"。幼儿园阶段主要培养孩子的生活节奏和学习节奏，帮助他们走向有序状态，形成完整、健全的自我认知。幼儿园的课程是按活动领域而不是按学科门类进行教授的。小学阶段则引入体系化的基础学科框架，例如历史、语言、数学、科学等，学校有严格明晰的作业体系，强调培养学生良好的学习习惯，激发兴趣。到了中学，学校以系统化学科为主，课业繁多，出路多样。中学毕业后，既可报考普通大学，也可选择挑战性强的工程师学院，通过苦读和考试直取硕士学位。此外，还可以继续研修备考Grand School，这属于法国高等学府的天花板。总之，出路很多，颇有优者胜出的"丛林风格"。多出路的国民教育体系，灵活提供各种就业机会，使人尽其用。

　　看到这里，大家应该明白，其实在教育孩子成才这方面，全世界已经越来越趋同。西方国民教育的一些多元化理念，虽然我们不必照搬，但它们也逐渐影响着很多中国学校的教学模式。家庭教育中则可以更灵活地借鉴西方的教育理念，对孩子进行引导，避免他们走弯路和出现偏差。

5.1 无论是"鸡娃"还是"佛系",都要小心角色错位

孩子上学后,很多家庭的生活就会随之发生变化。有朋友跟我吐槽说,孩子上学以后,就跟她不亲了。其实原因也好理解,进入学业"沙场"以后,父母对孩子的期望呈现几何级数的攀升。这位家长的说法就很有代表性,她说,孩子上幼儿园时,她觉得孩子以后开开心心、健健康康就好。当孩子上小学以后,她忽然发现整个社会都在内卷,不停地卷,好像再不赶紧争取,孩子就会随着父母的"不努力"而慢慢落后……于是,她和爱人开始全家总动员,先换学区房、恶补兴趣班,再"包装"孩子的履历。一整套操作下来,大人确实动员起来了,好不容易让孩子进了不错的小学,可孩子却越来越蔫了,做什么事似乎都有气无力的,成绩也不上不下。她叹息道:"这才刚刚上小学就一点儿干劲都没有,十几年的学业长跑可咋办呀?"

我劝她不用太着急,反正大家都差不多,都焦虑!现在你该替孩子使的劲儿全使了,接下来就该慢慢地把角色还给孩子了!她听后更迷糊了:"怎么还给孩子?还什么角色?"

为什么有时家长越"鸡娃",孩子就越往后缩呢?有的孩

子即使表面上配合,内心深处也是抗拒的。这里需要提到一个常见的心理学现象,叫角色错位,也叫体验错位。它是指角色扮演者的表现与社会、群体、组织和他人的要求与期待不相符合的现象。简单地说,就是"在其位不谋其政"或者"不在其位却谋其政"。当我们替孩子凡事都高瞻远瞩、打好前站,其实是使亲子关系被迫产生了角色错位。父母操心孩子的学业,冲在前面,而孩子则被动地跟随着家庭这辆"马车"匆匆出发,这条路要怎么走,路上有什么风景,没人跟他讲清楚,他心中一片迷茫。这种情况下,他能有动力吗?

那位朋友叹息道:"难道是因为我操心太多,导致孩子'躺平'了?我也知道这不好,但是择校之类的事可不就是家长的事吗?"

我说,没错,初期的角色错位有时是必要的,现实情况就是如此,穷尽家庭之力,给孩子一个裨益长远的起点。但是,当"马车"出发以后,我们就需要退到孩子身后,细细跟他讲,这条路通向哪里,路上有什么风景,怎样赶车又快又好,等等,让孩子慢慢找回自己的角色。当孩子的自控力回来了,他的动力和信心就不会"掉线"。

那么,怎样调整角色错位呢?我有几个建议。

让孩子自己去体验,允许孩子做出不同的选择

能够为自己做出选择,是人在成长过程中一项很重要的权利。在教育里,我们可以给孩子指明大方向,但是在具体过程中,一定要给孩子空间。这句话听上去很容易理解,但是实施起来却并不容易。给孩子空间,意味着允许孩子犯错,允许孩

子不完美，允许孩子有不同的选择。我建议家长可以先从小事开始。

刚才提到的那个上小学以后就蔫巴的孩子叫琪琪，其实我见过他。他比我家孩子小几岁，暑假时曾经和我家的男孩们一起玩过。琪琪给我的印象是温和害羞，但是很黏我家的哥哥阿莱克斯，因为阿莱克斯喜欢照顾别人。看得出来，我的这个朋友作为母亲，平日可能有点强势，琪琪习惯当小跟班。我建议她试试给琪琪一点空间，让孩子在一些小事上自己做选择，体验一下自由。朋友说，可是他还小，才6岁怎么选择呢？等他长大一点再说吧！

我提出反对意见：你做事的顺序是不是有点颠倒？不学习自己做选择，孩子怎么长大？一夜之间就忽然长大了？选错怕什么？可以从小事练习啊！

朋友若有所思，看上去像听进去了。

出国以后，我就没机会再见到琪琪。有一次，电话里我问到这个孩子，朋友很开心地跟我说，琪琪好多了，现在活泼多了，成绩也慢慢稳定了，还当了美术课代表。我想这孩子已经适应了学校环境也是其中一个原因吧！她说，还有，她和孩子的关系也变亲近了，她现在觉得，以前琪琪蔫蔫的，可能是对她的消极抵抗。

这个朋友真有点后知后觉啊！我好奇地问："那你是怎么做到的？"

她说："我就忍着呗！不急着告诉他什么是最好的，不帮他选，耐着性子叫他自己挑选！比如，我带他去面包房买面包，以前都是买提子牛奶吐司当早点。那一次我让他自己选，琪琪那个高兴啊！一个人拿着盘子，跑来跑去，夹一个又放下，再换一个，我在旁边看着，焦虑症都快犯了。不过看他那么开心，我就耐着性子让他选！最后他挑了两个奇奇怪怪的面包，回家吃得好香。我尝了一口，味道一般，但我没说什么。你不是说要让孩子自己体验吗？反正都是吃，每次就都让琪琪自己挑选。"

我激动地拍大腿："这就对了呀！"

朋友还说，琪琪这样一天一天地自己挑选，把面包店的新品尝了个遍。后来，他竟然说："妈妈，我发现还是提子牛奶吐司最好吃！"孩子有了体验，才知道妈妈的选择是最好的。他是在吃面包吗？不，他是在"吃"选择和尝试啊！

我鼓励家长给孩子空间，这也缘于我自己带孩子的亲身经历。在托马斯不到4岁的时候，那时我们刚到香港，万事开头难，家里还没有帮手，每天我要送孩子们去幼儿园后再去工作。有一天，我们坐的轮渡要靠岸了，在船舱里我照例拿出外套让托马斯穿上。那天不知托马斯哪根筋搭错了，死活不肯穿。深秋季节码头风大，不穿外套会着凉的。我左哄右哄，他就是不肯穿，最后干脆大哭起来。安静的船舱里大多是早起的上班族，大家纷纷看过来，我又囧又气，这娃今天怎么回事？不可理喻！于是厉声命令他："你必须穿上，外面风大！"托马斯一把鼻涕一把泪，还在犟："我不要！"面对这种翻车现场，家长那种想死的心情，想必很多人都体会过吧，哈哈！

这时，有一个穿着考究的外国大叔走过来帮忙，他轻轻摸了摸托马斯的头，问："你为什么不想穿夹克呢？"托马斯还在抽抽搭搭，像复读机一样不停地说着："我不要！……"我尴尬地说："这孩子可能今天有点不舒服，抱歉吵到您了！"大叔笑呵呵地压低声音对我说："我理解，我也有两个孩子！这没什么。"然后，他又冲我眨眨眼说："孩子不想穿衣服，可能是因为他现在不冷，等他冷了就会穿了。"

大叔的这句大实话，似乎把我点醒了，我没再坚持。一会儿，船靠岸了，我们走上甲板，一阵秋风迎面扑来，托马斯走了几步，忽然回头硬挤进我手臂下边，他后悔了！然后他老老实实地穿好衣服把自己包裹严实了。

后来，我回想那天的经历，觉得真是旁观者清。我们都想保护孩子，有时会忘记孩子是通过体验来学习的。船舱里不冷，你让他穿衣服，对他来说就是一种没有理由的迷惑行为。虽然平时服从，但他并不明白其中的意义。强行命令也许快速简便，但孩子并没有学到什么，结果就是依赖或盲从。其实托马斯天性安静，很少哭闹，那天的爆发大概是他独立人格的一次觉醒吧！反抗的结果是，他学到了甲板上的风和穿衣服之间的联系。

从此，我开始有意设置以孩子为体验主体的教育模式。比如，孩子们有不爱吃的蔬菜，以前我会要求他们必须吃。后来我改变了策略，跟孩子们约定每天要吃两种以上的蔬菜，可以选择吃什么与不吃什么，但为了做饭不麻烦，要求两人选择的蔬菜尽量重合。我把选择权交给他们，他们在一众蔬菜中挑选出西兰花、豆角、生菜、南瓜等六七种，从此，他们每天都高高兴兴地吃光饭菜，我也很少再因为孩子们挑食而发愁。

西方家庭教育，是非常注重给孩子空间的。每次去法国的家庭做客，餐桌上，主人都会轮流询问客人想吃什么食物，喝什么饮料,孩子们开心地选择自己想吃的东西,像大人一样被平等对待。虽然我是半途才开始让孩子自己做选择的,但效果一样显著,我的做法是:告诉孩子我们的目标,他们去选择如何实现,如果这次的选择不够好,下次就去选择另一个。这样做的好处很快就显现出来了,我发现孩子的情绪总是很好,很少跟我们较劲,跟别人打交道也是自信满满。做出选择是人类的天性,孩子越早开始练习,今后的判断力就越好。家长可以从小事开始,慢慢鼓励孩子让他自己做选择。这样一来,孩子的选择会越来越明智,父母的管控也会渐渐弱化,角色错位随之得到纠正,毕竟成长的主体本来就是孩子。著名心理学家温尼科特曾经说道:"你或许有自己的一套标准,也很喜欢自己主导的生活方式,但是很遗憾,你一旦变成一个妈妈,从此就要适应孩子,而不是反过来。"这么做的好处也有很多,当你逐步把自由还给孩子后,随着孩子快速成长,父母也会逐渐找回属于自己的自由和轻松状态。

找时间倾听孩子说话——不评判,不说教

随着学业日渐加重,孩子每天的时间表变得越来越紧凑,父母也更加繁忙,亲子关系和上小学前相比,会产生一些微妙的变化。很多父母这时候会抱怨孩子和自己日渐疏远,徒留自己在内心猜疑担忧。因为把"角色"还给了孩子,所以父母就更加需要了解孩子的想法。

父母需要主动和孩子建立通畅的沟通渠道,这一点至关重要。学业上的"升级打怪",虽然"操盘手"是孩子,但需要全家齐心合力。如果孩子对父母畅所欲言、乐于分享、不怕求

助,如果父母的想法能得到孩子的重视和接纳,我们就能节省很多精力和时间,顺畅地沟通、亲密地联结,能让家庭教育的作用发挥到最佳。

而畅通的沟通渠道,都是父母有意打造出来的。在成长过程中,父母花费过多少时间陪伴孩子,倾听过多少次他们的心声,这些就像存在"亲情银行"里的"存款",在关键时刻发挥作用,彰显家庭的凝聚力。所以,我们作为父母,与其在发现孩子日渐疏离的时候困惑失落,不如从一开始,就用心建立一个适合自己的亲子沟通模式。

这种模式其实并不复杂,就是找时间和孩子聊聊天,听他们说话,鼓励他们说出自己的感受。请注意,是聊天,不是训话。家长多倾听,不评判,不说教,多做接纳性的回应。把这变成一种特殊时刻,融入日常生活,日积月累,慢慢成为家庭的传统,这样会大大提升家庭的幸福感和亲密度。

给外国孩子教中文的时候,有时我也会遇见一些"小刺头",就是对中文没啥兴趣,却被父母"押"来学习的小家伙们。一开始,他们闷闷不乐,不情不愿地跟着我读拼音,歪歪扭扭地练习汉字。可是,只要来几次,他们都会慢慢喜欢上我的课。因为对于这些厌学的小家伙们,我设计了一个特殊的环节——友谊时间。其实很简单,就是下课前的五分钟,我会提前结束,然后用英语跟他们聊天,跟他们交朋友。刚刚被迫磕磕巴巴说了半天中文的孩子,一旦被允许说英语,都会刹不住车,像竹筒倒豆子一样,开始他们的"演说"。我就静静地听着,听他们发牢骚:中文多么难学,拼音多么奇怪,今天踢足球进了三个球,Linda是我最好的朋友,最爱的游戏是……林林总总，天马行空。等到"发泄"完了，他们就开开心心地回家，留的家庭作业也会愉快地完成，很快孩子们就跟我成了朋友，因为我会跟他们聊天啊！

一个壮壮的澳大利亚小男孩叫特莱斯坦，有一次上完中文课后跟我奔放地聊天（吹牛），他自豪地说："我爸最棒了！我爸打游戏天下第一！我爸还会冲浪！我爸最厉害！"我听了忍俊不禁，就故意逗他说："是吗？我认识一个人，他打游戏也很棒，说不定是你爸爸的竞争对手呢！"特莱斯坦不服气地跟我辩论，这时候他爸爸正好下班顺路来接他回家，我随口说："刚才特莱斯坦说你打游戏最棒！冲浪也最棒！"特莱斯坦的爸爸，一个孔武高大的男子，露出了羞涩的表情，轻轻拍了拍儿子的肩膀。特莱斯坦也红了脸，那场面居然有点温馨，我觉得这表情很经典，说不定这是一个平时羞于当面说出"我崇拜你，老爸！"的儿子，今天居然无意间让爸爸听到了他的心声。

倾听孩子的声音，切忌急着训斥和评判。心理学上有一

敲黑板1

不管是"鸡娃"，还是"佛系"，都要警惕角色错位，即父母越位，剥夺孩子的成长体验，代入自己的偏好和选择。孩子是通过选择和犯错去学习的。年纪越小，试错成本越低，所以一定要让孩子拥有选择和表达的权利。父母作为守护者，尽量不要过度评判和控制。有选择权的孩子，更加自信，成长欲望也更强。

个名词叫"非评判空间",就是让矛盾双方,在某个时段彻底说出心里的想法,而这期间的任何想法和信息都不能用于日后对彼此的指责。这种非评判空间其实是一种疗愈道具,一般用于婚姻关系或家庭成员和解中,而用在亲子教育上也会事半功倍。总之,倾听孩子的声音,让他们觉得自己被需要、被听见、被尊重,这会让他们找回真实的存在感,发挥更大的潜力。

学业长跑是一段充满汗水和勇气的旅程,前途光明,道路曲折。父母一定要把追梦者的角色还给孩子,完成了角色归位,孩子才会更有斗志和后劲,孩子的学业之路也才会越走越宽。

5.2 三座"心灵灯塔"照亮学海茫茫

我很熟悉中国的教育体系,也亲眼见证了近年来国内的亲友们陪孩子做作业、刷奥数题、做手抄报等的辛苦。我一直认为,中国学校的素质教育和国际接轨程度很高,学科教育方面,中国孩子在数理化方面的优势也是有目共睹的。作为学校教育的延续,家长如何从家庭方面给予孩子学业最大的支持呢?这里,我想谈谈法国基础教育的特点,希望大家可以从中得到一些启发。

法国高校培养出来的人才质量在全球名列前茅,而且法国的基础教育效果卓著,很多特色做法完全可以被我们的家庭借鉴，作为学校教育的有益补充和辅助。

在法国我认识一些华人家庭，大家共同的感受是，孩子在法国读书，家长的负担普遍比在国内轻松，我也深有体会。法国初等教育氛围轻松，弱化竞争，注重孩子人格的培养和全面发展。法国是世界上最早建立学前教育制度的国家，3～11岁的孩子都要接受早期教育，也就是初等教育。学前教育和小学教育一体化是法国初等教育的特色，大约三年算一个阶段，随着年龄的增长，孩子会按照初级学习—基础学习—深入学习的顺序依次晋级。也就是说，从3岁开始，孩子们就开始统一接受教育，初等教育的主要任务是促进儿童身体、智力、性格和感情的全面发展。

艺术感教育促进儿童全感官发展

和国内幼儿园一样，在法国的早期儿童学校里，特别是前三年，教室就像花花绿绿的美术馆。孩子们席地而坐，跟老师一起互动、唱歌、做手工、做蛋糕等。艺术在这里成为重要的教育媒介，跟国内很多教育机构把艺术作为才艺培养有所不同。法国的艺术感教育，是生活训练的另一个注解，它不注重结果，更加注重体验和过程。

为什么叫艺术感教育，而不叫艺术教育呢？因为它注重的是孩子的体验，并不是结果和成绩。例如，手工课规则不多，穿上防水衣，随意上手，孩子的涂鸦充满了稀奇古怪的随意性，有时候孩子会自己制作陶器，再由老师统一用烘箱煅烧。有时候一件作品需要好几天，甚至几周才能完成。教室里贴满了等待风干再后续创作的半成品的作品。每次孩子把作品带回家，都充满骄傲地告诉家长，这幅作品花了自己多长时间，有多少步骤，等等。

这种慢下来的艺术感教育好处很多：

（1）它鼓励孩子用艺术表达自己的情感和体会，可以自我治愈。

（2）孩子熟悉物质形态的转化，为自然学科的学习打下了基础。

法国学校小学生课堂上制作的艺术陶罐加素描草图，制作周期为2~3周

（3）艺术创作拉长的时间线，潜移默化地培养了孩子的耐性和自律，为今后的学业打下了心理基础。

至今，长大的孩子们还会时不时拿起笔画几笔，有时是给朋友的生日卡，有时是光怪陆离的微型手绘故事书，借此表达情感，也是一种自带的解压方式吧！

艺术感教育是法国教育中的宝藏理论，而且门槛低，适

阿莱克斯和托马斯刚入学时自由创作的陶土作品

在香港的法语国际学校幼年班，学生用气球随意作画

用范围广，从1岁到青春期都适用，在家庭教育中可操作性也很强。有的父母可能觉得艺术对学业帮助不大，所以不鼓励孩子发展这方面的爱好，但事实上，有一类知识叫非即时受益知识，例如音乐、小语种的外语、文学、美术等。这类知识在很多情况下可能对孩子的升学不会有直接的帮助，但在未来却是孩子丰富人生、坚定意志、开拓社交、增强自我认同的利器，在人生道路上，起到了深远而积极的治愈作用。

父母可以从孩子幼年开始，有意通过日常培养和熏陶，鼓励孩子把艺术感融入生活和思维，这种裨益是深刻和持久的。懂得用图画、文学、音乐等方式排解压力和宣泄情绪的孩子，抗压能力会好很多。

生活技能训练和生活常识培养

生活技能训练开始的时间很早，而且很有趣。阿莱克斯和托马斯在幼儿园的第一节课，就是用搅拌棒搅拌不同的食材，用手触摸面粉和不同的日用品。孩子们不到4岁就学做蛋糕，在老师的帮助下，混合搅拌各种原料，烤出一坨形状不可描述的巧克力色物体，我和孩子爸嘴上夸奖但都没敢品尝，孩子们却吃得津津有味。老师会根据孩子们的特点，组织各种活动和外出参观，比如组队到大街上观察红绿灯路口、去农场参观葡萄园、去糖果店参观糖的制作等，通过实地体验，积累多样知识，如产品的生产过程、植物的生长规律、生活常识、交通规则等。

这种生活技能训练的好处是"润物细无声"的。我渐渐发现，才六七岁的孩子生活感越来越强，遇见警车会提醒我：妈妈,我们要给警车让道。又或者不小心打翻水杯,会马上找纸巾擦桌子。他们的生活自理能力也很好,起床不用叫,睡觉不用催,很小就会自己做简单的冷食三明治。这种现象在法国本地是常态。我认识几个在法国的华人家庭,妈妈经常自豪地晒出孩子独立自理的日常,煎蛋、做沙拉、洗衣服……那些妈妈也在视频的画外音里毫不掩饰地跟观众"拉仇恨":每天时间一到孩子就自己准备好去上学,根本不用催!太轻松啦!

这种孩子自己主导生活的状态,究其原因,我觉得,就是因为孩子清楚地知道自己需要做什么,他们了解每件事的意义,相信每天都有乐趣和盼头。整个日常生活是一个巨大的正念—边界—舒适系统,他们完成必要的任务,享受每天琐碎且有趣的生活,和时不时出现的奖励和惊喜。

同时,生活自理能力也是在培养一个人的条理性和逻辑性,从另一个方面印证了孩子的学习力和适应力。"高分低能"已经不再是人才的"标配"了,想要孩子未来的职场之路顺利,就一定要及时开始解锁他们的生活技能,而且越早越好。

训练孩子的生活自理能力,其实并不复杂,只需要把"自己的事情自己做"这一朴实理念渗透在生活中,而且当孩子主动提出要做家务的时候,一定要欣然应允,无论孩子一开始多么稚嫩笨拙,比如,扫地越扫越脏,擦桌子"水漫金山"……妈妈们哪怕事后悄悄返工,都不要当时急着抢过来说:"你做得不行,还是我来吧!"一定要把学习和试错的机会留给孩子。父母的手脚慢一点,耐心一点,给孩子的自由度大一点,多鼓励孩子一点,多依赖孩子一点,多相信孩子一点,就这些一点一滴，会慢慢成就孩子强大的生活信心和动手能力。

规则意识养成和性格磨炼

在法国初等教育阶段，孩子们通常会以团队的形式参与各种游戏，这种团队训练大约从六七岁开始，既可以引入竞争气氛，又可以防止孩子自尊心过度膨胀。我们知道，欧美国家提倡孩子的个性发展，但另一方面，团队意识其实在孩子幼年时就已经被潜移默化地植入日常游戏和学校生活。不仅法国的学校如此，国内很多国际学校也是这样的。在香港居住的时候，我所在的离岛就有一些国际学校，我的很多学生都来自其中一所学校——智新书院，这是一所在香港排名很不错的国际学校，新生刚一入校就会被分成五个不同的团队，分别是金队、木队、水队、火队、土队。每个团队都有自己的代表色、校服、队标、团队精神和口号。例如，火队是红色的校服，突出热情和活力；水队是蓝色的校服，提倡变通和融合等。学校的教学安排也与之配合，会定期举办很多以团队形式参加的比赛和竞技活动。跟我上中文课的学生，经常会自豪地跟我提起他们所属的团队又赢得了某个比赛的冠军或亚军。他们的自豪感是发自内心的，而且看得出，每个孩子在团队里的参与度都很高。

法国本地学校也有类似的机制，在阿莱克斯和托马斯的学校，这种机制比较松散，每周四都会有户外团体活动或比赛，把学生分成小团队。一开始，我并没有太注意这种活动的好处，后来有段时间，我发现每周四放学后，哥哥阿莱克斯总是满头大汗，整个人气鼓鼓的，情绪很低落。我问他怎么了，阿莱克斯的回答总是三言两语、词不达意，反正就是抱怨，说他今天又输了比赛，因为有人太菜了（这是原话，愤怒小男孩的跳跃式思维让人听了摸不着头脑）。因为放学路上不是谈天的好地方，所以我就想等回到家再细细问。不过，每次回到家，换了衣服洗了澡，放松后的阿莱克斯情绪也恢复正常了，那些吐槽也就被抛之脑后了。尽管看到神经大条的小男孩们能很快忘却烦恼，我深表欣慰，但是很长一段时间里，我都没搞清楚每周四阿莱克斯的负能量规律性爆发是怎么回事。直到有一次，他放学后一瘸一拐、流着鼻涕，一看就是刚刚哭过的样子。我想，这怎么行？这个"周四魔咒"是时候被解决掉了！于是，这次我没有直接带他们回家，而是找了一个地方给他和弟弟各买了杯冰果汁，坐下来细问：到底怎么回事？

问小男孩问题是个技术活，他一开始只会愤怒地甩出一个结果，比如"今天糟透了！我……"（此处省略2000字。）我不得不扮演心理医生，不厌其烦地追问，画风是这样的：

妈妈：为啥呀？

孩子：因为A！

妈妈：那A又是为啥呀？

孩子：因为B！

妈妈：那B又是为啥呀？

孩子：因为C！……（循环追问中）

如此这般一番逆向推理之后，我终于大概了解每周四发生的事了。阿莱克斯这个逢比赛就想赢的家伙，好胜心被无情地"碾压"了。原来，每周四学校的户外活动，学生们是分小组参加的，比如某次是运球比赛，阿莱克斯一心想赢，卖力得不得了。谁料想，他遥遥领先的运球被几个"猪队友"搞砸了，得了最后一名。他气得脸涨红，跟我吐槽："在这个组里，有很多人根本不认真，我把球传给他们，他们随便就踢飞了，我一次次跑去捡球，再想追上去也来不及！我不要跟他们一组了！"

想想也是挺扎心的，我可以理解阿莱克斯想赢的心情，但听上去其他队友好像就只把这个比赛当作游戏，并不太在乎输赢。就是玩啊！我问："他们不喜欢踢足球吗？"

"嗯！他们不认真！在场上嘻嘻哈哈的！"

我又问："那老师有没有提醒他们呢？"

"老师不管！老师还笑呢！哼！"不问则已，一问这个，阿莱克斯更气了。

听到这儿我心中大概就有数了，老师都不太管，应该是这个比赛不强调赢输，本意是让大家一起活动活动、增进感情，大概只有死心眼儿的阿莱克斯想把球完美运到终点，得个第一名。这娃昂扬的斗志终究"错付"了哇……我有点想笑，但又不好点破，于是给阿莱克斯出主意："妈妈觉得，这个游戏需要你发挥一下带头作用，下次再玩这游戏，你就起个头，跟队友们约好，大家协作一下，喜欢嘻嘻哈哈玩的就只负责堵住对方抢球的人，不要运球，你和喜欢运球的队友传球到终点！你试试看！老师应该允许用点策略吧？"

他还是气鼓鼓的，但是似乎开始琢磨我的话了。

下个星期四放学后，阿莱克斯兴高采烈地跟我说："我们赢了！赢了！"至于他跟队友是怎么分工的，我不太清楚，但阿莱克斯真的得了第一名，他还成了他们小组的英雄，开心得不得了。后来，这种周四竞技活动持续了一段时间，渐渐地，阿莱克斯适应了这种团队作战的方式，找到了自己的角色，他常常是那个发出倡议的人，有时候输，有时候赢，他都激动地讲给我听，但不再生气或难过了。因为他享受到了参与集体活动的另一种乐趣，就算这次没赢，下次还有机会再扳回来。我心里挺欣慰的，我知道这种小学的团体活动可能就是有意让孩子改变个人好胜心强、团体意识淡薄的习惯，总算对阿莱克斯这个好胜分子发挥了一点作用。后来，阿莱克斯跟这帮队友成了好朋友，相互邀请参加生日会，玩激光枪战，暑假还去小朋友家过夜（Sleep Over），疫情期间这帮小孩还一起约好联网打游戏，为沉闷的宅家生活增添了一点亮色。

将孩子暴露在适当的竞争环境里，有一定好处，可以激发孩子的斗志和潜力。但有时候也容易让孩子忽视团体意识和情商培养。法国的初等教育虽然淡化学业竞争，但并不缺乏竞争启蒙，只不过把个人换成团体竞争。这种团体意识和归属感，看似和学业成功没有直接关系，却直接影响着孩子成年后的社会适应能力和群体融入能力。

敲黑板2

法国早期基础教育的几个特点，有助于孩子独立人格的建立和情商培养，值得父母在家庭教育中学习和借鉴。其中，艺术感教育（又叫艺术力培育）有助于孩子建立与世界的多维联结，学习处理情绪和自我治愈，培养和训练生活常识，鼓励孩子培养生活掌控力和独立生活能力。团队协作则教会孩子如何良性竞争，培养良好的社交技能和自我意识。

这种在集体中寻找存在感和归属感的体验，有点像我们成人世界的企业团建，它可以为孩子构建一套融入集体的世界观和行为哲学，是一种高屋建瓴的情商培养方法。小团队当然需要富有领导力和凝聚力的导师或者教练，而在学校里，一般来说班主任就是培养这种团体意识的领导者。

　　作为家长，我们也要积极配合学校的教育，不能与之唱反调。既要鼓励孩子勇敢面对竞争，也要让孩子学会在集体中与他人和谐共处，培养孩子的统筹协调能力。这就要求家长看待输赢的角度应高于孩子的视角，不能一味强调突出孩子的个人表现，而忽略他人的感受和集体利益。我们一定要把握好自己的态度，有时候过于好胜且毫不掩饰的父母，会给孩子造成很大的心理压力。事实上，一个人人都找到归属感的集体，才是有天赋孩子成长的最佳环境。假如孩子有某些特长和天赋，只有在他懂得恰当表现并尊重他人差异的前提下，才能发挥天赋的最大作用。父母和老师的共同愿景，应该是二者兼顾，通过人尽其用的分工协作，让小团队的优势发挥到最大，也让孩子找到自己最舒服的角色，从团队和集体中获得成就感。

5.3 学业江湖："半鸡娃"与设定时间表，哪个管用？

　　虽说在法国的初级教育阶段，孩子的学业负担并不重，但到了后三年，孩子的书包明显重了起来，小测验天天有，每周一次测评，隔三岔五的PPT演示，加之法语的语法学习进入了"烧脑"阶段，总之，孩子们的学业慢慢重了起来。我们并没有要求孩子每次考试都拿高分，只鼓励他们要尽全力，但是孩子自己很在乎成绩，有时候没考好就会严重影响他们的心情。小学阶段的学习是在为今后的中学阶段打基础，我心里想，可能需要适当介入，"鸡娃"一下。

我的计划是"半鸡娃"。

为什么是"半鸡娃"呢？因为国内流传的"鸡娃四件套"我几乎没法用：语文自学、数学思维、外教网课、才艺练习，即语数外三科一个都不能落下，还要再加一项才艺，达到全面发展。而我们的期望很实际，就是希望孩子们每天有点进步，收获一点成就感，同时为像数学、法语这种一进中学就要"火力全开"的科目打好基础。于是，我决定抓他们的数学和法语，每天亲自监督他们的听写和演算。至于才艺，先观察观察吧！

然而理想很丰满，现实很骨感。我研究了孩子们的数学课本，发现完全不是那么回事，法国的小学数学跟中国的小学数学差别挺大，虽然内容类似，但它们的演算符号和公式却仿佛来自另一个世界。好吧，我放弃抓数学，只能靠他们自己了。那就剩下法语了，每天听写几个单词，我总驾驭得了吧！

我督促他们听写了三天单词，一开始一切都好，我耐心地纠正他们拼错的单词，一遍遍地听他们飞快地背诵动词的七八种变位。孩子们也热情地纠正我不地道的发音，场面十分和谐。然而不到一星期，有一天我正等着帮他们听写，弟弟托马斯扭扭捏捏地来找我。

"妈妈，嗯，其实你不用每天帮我们听写。你还是去写文章吧！"（听到这话，我十分惊讶。）

"为什么？妈妈喜欢跟你们一起学法语呀！"

"妈妈，那个……其实我们可以自己来，我和哥哥相互听写！"

我想了想，这也是个好办法……等一下！这不是重点！

"为什么不要我帮你们？"

"因为你很累，你每次都用手捧着头，很痛苦的样子，弄得我们也特别紧张！"

我又不由自主地"啊"了一声。监督别人的人居然被监督了。我有吗？我是这样的吗？我在做什么？

"哦！妈妈可能是有点紧张！因为我觉得动词变位很重要，必须学好！"

"妈妈，别担心，我学得挺好的！"

"可是上次学校听写测试，你错了一半！满分20分你只考了11分……"

"那是因为我记错了一个拼写，而且同一个拼写我错了好几次！现在我已经记住了！"

"哦，你知道错在哪里就好！……你们确定可以相互听写吗？"

"放心！哥哥跟我约好了，听写好了你可以检查！"

"那……行吧！"

就这样，我一腔热血想"鸡娃"督学却被娃劝退了。

这件事给了我一些启发。有时我们以为自己是在"鸡娃"，其实是在自我满足，抑或是在用自己的痛点吓唬孩子。我之所以辅导孩子的时候情绪紧张，是因为自己初学法语时，觉得法语动词变位很难，所以我不知不觉把这种焦虑和紧张也传递给了孩子。现在想想，以这种心态辅导孩子，时间长了确实没什么好处。但我们做父母的常常不自知，觉得自己是在尽力帮助孩子，却忽视了孩子处在这种能量场里，要么变得畏难焦虑，要么变得抗拒或直接放弃。好在我跟孩子有约定，无论有什么感受和问题都要说出来，所以孩子们从不隐藏他们的想法，忍了几天就开始抱怨了。这是因为我家的教育一般不太强势，只要理由充足，就可以提出不同意见。

"半鸡娃"也行不通，难道要放弃吗？当然不，中国老母亲岂是那么容易被劝退的？我转变了方式，变成了"外松内紧"。如果把学习比作一个每天有输入和输出的明盒系统，那么我不再监督输入，转而监督盒体和输出：我每天检查他们的作业，同时慢慢改变了他们的学习习惯。

举个例子：法国学校留作业是两天一次。以前星期五放学回家，孩子们就"放羊"了：洗澡、吃零食、看动画片（我规定周五不算周末，不能玩游戏）。问他们有作业吗？答：有，准备放在星期六做。每星期六早上，他们比我们起床早，自己在楼下赶作业。为了能快点做完作业去玩游戏，孩子们有时候会有点敷衍，遇到不懂的，还互相出馊主意，事后我检查他们的作业总会发现一些纰漏，然后改来改去，孩子们又累又烦，常常折腾到中午，耽误全家周末外出。

于是，我建议他们把做作业的时间提前到星期五下午，至少要完成作业的主体部分，一旦有什么问题，他们还可以在周末请教爸爸或者老师。周日早上或者下午，再做一次梳理检查，全部完成。

一开始，我的提议没人响应，孩子们都习惯了周五下午"放羊"。我又动之以情："这样的话，周六一早我们就可以一起外出或者去森林散步。妈妈在周六想出去透透气，你们难道不想跟爸爸妈妈一起好好过周末吗？"

有时候，父母需要对孩子示弱。父母有意无意、有分寸地流露出自己的一些小需求，并不是自私的表现。相反，这可以提升孩子照顾别人感受的能力。

孩子们果然动摇了，又"讨价还价"地提了一个小条件，周五做完作业，可以吃一块糖或者一个冰激凌（因为孩子们处于换牙期，家里一直严控糖果）。哈哈！可能连他们自己都没意识到，他们已经在为自己搭建小小的舒适系统了。我果断答应了，做完作业，糖果和冰激凌二选一，"谈判"成功。

调整时间表以后，效果很好。周五下午做作业虽然时间稍微有点紧张，但是周六全天大家都很轻松。而且，周五孩子对知识的记忆更深刻，作业的错误率大大减少。有不会的地方，特别是我不太熟的法语，小马有时候下班晚了没时间，也能在周六或周日快速解决。周日晚饭后还能用几分钟，快速预习一下下周要学习的内容。

孩子们的爸爸小马因为职业关系，对时间节点的把控更加严格。比如，他跟孩子们约定好，每天早上八点前必须洗漱好，不然没法搭爸爸的顺风车，只能自己走路去上学。周末晚上六点以后必须停下一切游戏，晚饭前阅读一小时，读什么书都可以。晚饭后到睡觉前整理好第二天要用的书本等。清晰的时间表，勾勒出一个日常舒适系统的边界，和学校的日程密切配合，勾画出了孩子的成长路径。

设定时间表最大的好处是，家庭的权威不再靠"人治"，而是靠"法制"（时间表就是家庭运行的法则）。当孩子们的日程偏离了时间表，父母只需要提醒，而不需要命令，因为孩子们需要服从的是大家一致同意的时间表，不是父母的意志，所以不容易产生抵触情绪。很快，遵照时间表去执行就成了孩子们的日常习惯，很多好习惯如按时阅读、早起、守时，也自然地培养了起来。孩子们的学习逐渐步入正轨，各科成绩在班上都处于前列。

有人可能会觉得时间表会让生活节奏过快，压力增加。事实上设计科学的时间表，只会分散压力、聚焦精力。根据孩子的学习情况，时间表有两种设置形式：

一种是分段式，把每天的某些时段设定为重要的例行时刻，例如每天下午放学回家到晚饭前（下午四点半到晚上六点半）用来练琴；或者晚饭后到睡觉前（晚上八点半到十一点）用来做作业。分段式的优点是充分利用了一天中某个黄金时段完成重要任务，其他非任务时段则可以稍微灵活，张弛有度。这种时间表最适合中低年级学生。

另一种是把一天中的某个时间节点，作为某种活动开始或者结束的信号。例如，晚上十一点前必须做完作业，或者晚上八点以后必须放下手机去阅读等。这种时间表体现了一定的自律性，更加适合高年级学生或者成人，或者用于保持假期的规律作息等。

把控和优化孩子的时间表，比跟在孩子后面催促和命令，省心、省力得多，因为孩子很快就不需要你死盯了。当然，每个家庭的情况不尽相同，而用好时间表的前提是，你的孩子像一条欢快的小溪，有自己向前冲的动力。美国心理学家、教育学家简·尼尔森在她的书《正面管教》里说："帮孩子设立一个目标，然后放手让孩子去实现，家长为他们提供帮助。这才是正确的教育逻辑。"而心理学研究有很多数据表明，孩子的年龄越小，激发他学习动力的目标越是短期的。也就是说，孩子越小，他愿意为之奋斗的，一般是很快能实现的小目标。随着年龄的增长和心智的成熟，孩子才会渐渐找到明晰的目标，为了自己的梦想，充满动力，持续努力。

了解了这一点，就不难理解为孩子的成长建立一些正念——边界——舒适系统是多么必要的事。没有舒适感，边界就会成为禁锢。没有舒适感所带来的幸福感，何谈健康成长？我们一定要为孩子找到舒适的选项，才有底气要求他们遵守边界，为成长而奋斗。而舒适元素能带来幸福感，并且这种幸福感会不停地更新。孩子幼小时需要的是爱，很多很多的爱：拥抱、亲吻、妈妈的陪伴、爸爸的举高高；当孩子渐渐懂事，被感官快

敲黑板3

实践证明，"鸡娃"不如为孩子创造一个简单有效的正念——边界——舒适系统，并配合科学有效的时间管理。因为这个系统可大可小，要素俱全，既有随着年龄不断调整的中长期目标或舒适奖励，也有需要明确遵守的边界，更不缺乏正念激励和自由。孩子在透明坦诚的认知空间里，清楚地知道自己要做什么，通过努力可以实现什么，由此拥有成长所需的自驱力、安全感和成就感。

乐吸引时，一颗糖、一块蛋糕、一个玩具、一件漂亮的衣服、一天的迪士尼乐园游玩都能够成为他们幸福感的来源；再长大一点，酷炫的新玩具、半天玩游戏的自由时光、学校里同学们的崇拜、老师的赞赏……都是他们幸福感的来源。孩子的幸福感随着年龄的增长和心智的成熟，一直在演变。终于，他们会在父母的循循善诱下，把眼光投向遥远而美好的未来，为自己心中的理想画一幅蓝图，并愿意为之披星戴月、孜孜不倦、奋力拼搏。只有把成长的动力还给孩子，才能把爱和欣赏的能力还给父母。

5.4 陪做作业：培养孩子独立学习的习惯

本书一开头我曾说过，家庭教育可大可小，大到做孩子的精神导师，小到每天辅导作业。我鼓励大家为孩子设定符合年龄段的小目标，把为学业而奋斗变成正念—边界—舒适系统里的边界，从而让孩子同时获得成长的动力和幸福感，这属于精神引导的范畴。肯定有人会问，陪做作业有秘诀吗？

一到开学季，朋友圈就会被各种陪做作业的精彩时刻刷屏，大家纷纷表示"说多了都是泪""不做作业母慈子孝，一做作业鸡飞狗跳"。而做作业，只是孩子学业矩阵中的一小块，很多人都吐槽，陪做作业能让人气到差点"原地去世"，今后那些过五关斩六将的学业难关，岂不是更加艰难重重？

陪做作业之痛，其实只是当前青少年学业乱象露出的冰山一角。究其根源，都在于一个"陪"字。

教育的最终目的是让孩子独立学习、独立思考，而不是依赖陪同。当然，家长之所以陪着做作业，大多数时候也是逼不得已，因为看到孩子还没有养成独立做作业的意识或习惯，只好亲自督促，但这只能解决一时的问题，不能解决根本问题。而且时间一长，陪同本身也会成为问题。

因此，我们需要的解决方案就是"陪"的反面——"独"。

家长可以利用一些特别的方法，花点时间帮助孩子培养自己做作业进而自主学习的习惯。下面我分两种情况来讲。

孩子幼儿园升小学，学业刚起步，亟待养成自主学习的好习惯

这时候的孩子年纪比较小，而且作业难度也不大。所以，这时我们的重点在于适度地鼓励、监督和优化。

（1）鼓励。这时要以正面沟通为主，不否定、不批评，重点在于鼓励和引导。例如，孩子如果主动做作业，或者写字写得很认真，家长一定要及时鼓励并适度予以嘉奖，让孩子对做作业建立成就感和使命感。

这时候的孩子由于年龄不大，小小的奖励就可以强化他们对做作业这个活动的认同。如果发现孩子的作业做得有瑕疵，家长尽量用轻松柔和的语气提醒和纠正。要注意，此时父母对孩子写作业的态度，以及对做错作业的反应，也会成为孩子记忆的一部分，所以我们要尽量给予正面的鼓励、轻松的提醒。例如，孩子某个字写得不工整，父母不要过于严格地训斥，可

以轻松一点地提醒孩子"字不能写得歪歪扭扭，要站直哦！"以此给孩子某种心理暗示——学习是一件轻松愉快的事情。反之，如果父母一开始就用紧张、催促、训斥之类的态度对待孩子，很容易造成孩子的厌学心理和对做作业的恐惧。

（2）监督。孩子因为年龄小，容易坐不住、开小差，甚至起初没有自觉做作业的概念，家长可以适度监督，但需格外注意分寸和态度，此时需要耐心、鼓励和柔性的引导，促使孩子养成自觉做作业的习惯。

这一阶段也是最考验家长耐心和意志的。家长既不能有负面情绪，又要坚定地建立边界。我建议家长可以从孩子的角度考虑。比如，把孩子从电视或电脑前捞起来马上去做作业，效果肯定会大打折扣。这里，我还是建议先引入正念—边界—舒适系统。确立一个日常流程，比如放学回家，先喝一杯果汁（或者吃点心），然后做作业，做完作业，可以有一个小奖励或者一点娱乐时间（看动画片或玩耍等）。帮助孩子建立并习惯一个合理的流程，保持不变，直到孩子形成一个属于自己的舒适系统闭环。

这时是孩子的学业初期，因为作业难度相对较小，趣味性强，家长可以适度介入，例如孩子字写得不对，家长可耐心手把手去训练，或者指导孩子用笔等。不要小看这时候的作业，因为这时是帮助孩子建立早期成就感和做作业意识的重要时期。孩子一旦在这件事上找到了成就感和仪式感，就会把做作业内化为自己的日常。想想看，这样日后家长能避免多少提醒孩子去做作业的"拉锯战"？

但是需要提醒家长的是，此阶段的作业重在练习，而不在完美。家长可以帮助，但不宜代写，要有耐心，让孩子自己去做，自己纠正。例如，你教孩子练习写汉字，可以先写在草稿纸上，最终还是要让孩子自己誊写在作业本上。作业需要孩子尽量独立完成，即便不完美，也不能由家长代写出一份完美的作业。否则看似帮了孩子，其实剥夺了孩子的自主性和成就感，容易使孩子养成依赖他人的坏习惯。同时，如果做作业过度追求完美，容易使孩子养成高压人格，对其长足进步不利。

（3）优化。细致观察很重要，留意孩子学习和做作业时容易出现的问题，趁刚露出苗头及时纠正和调整，为今后孩子独立学习铺平道路。比如，写字时的坐姿、做作业前是不是先复习、答题前是否仔细审题、笔画是否总写错等。

在孩子养成独立做作业习惯的过程中，家长的角色非常重要，需要内紧外松，具体就是留意各种细节，但不露痕迹，不要把自己的关注变成孩子的压力，保持和颜悦色，语气轻松，不训斥，少催促，不给孩子增加压力，否则孩子容易产生恐惧感和厌倦感。

我有一个学生叫泰瑞，是一个来自澳大利亚的6岁小男孩，他妈妈第一次送他来时告诉我，除了想让孩子提高中文水平，还想请我监督他完成学校的中文作业。因为这个孩子做作业超级拖拉，写几个字能磨蹭两小时，把妈妈逼得几乎要发疯。于是完成上课任务以后，我留出一刻钟左右的时间看着他做作业。第一次我只是观察，泰瑞没能在下课前做完作业，我又延长了一刻钟，他才写完了。几行汉字写得歪歪扭扭，但还是勉强写完了。我表扬他写字很认真、很努力，他高兴地回家了。

后来，我跟他妈妈分享了我的观察和想法。首先，我觉得泰瑞在我这里做作业并不磨蹭，但他有点害怕写字，因为他是左撇子，而现代汉字是从左向右写的。写字的时候，他的手会遮住正在写的字，所以左右偏旁容易写错位，这让他很失落。另外，泰瑞的书写习惯不好，他用左手写字，可怜的右手无处安放，被小主人藏在桌子下面，这就使左右开页设计的作业本，左边容易翘起来，对左撇子书写者格外不友好。泰瑞的妈妈说："是的，我看他写得很不整齐，就让他重写，谁知越写越慢！"

我给出了两个建议：第一，初期稍微放宽标准，以练习为主，每次作业要写的字，都在练习簿上先练几次再正式写到作业本上，并且把做作业的时间从15分钟延长到20分钟；第二，给孩子准备一个上下翻页的练习簿，让孩子在作业之外做练习用。

练习簿很有用，可以让学生多多练习某个字的笔画和笔顺，我握着他的手在练习簿上写一个字，然后他练习三遍，最后才正式写到作业本上。我还找了一个小书夹，把作业本容易翘起来的左半边夹平了。话说小男孩真的容易对细节完全无感，以前在那么不平整的练习簿上歪歪扭扭地写字，他居然能受得了。把本子弄平整以后，经过反复纠正写字姿势，泰瑞慢慢养成了一只手写字，另一只手压作业本的好习惯，字迹越来越工整。如果哪个字写歪了，我就会说："这个字其实挺好看，可惜要摔倒了/出格子了/帽子歪了。"或者说："喂，人家是一家人耶，为什么要住在两个格子里？"孩子的幽默感其实很强，他总是瞬间领会，笑嘻嘻地擦掉重写。当他写了工整一点的字，我就夸他："这个字写得真好看！方方正正的，像个国王！"

　　这样监督了不到两个月，泰瑞写字的姿势端正多了，笔画也更加准确。我不用再手把手带他写字了。有一次，我们上课时间长了点，来不及在课上做作业了。泰瑞对我说："老师，没关系，我回家自己能写！"

　　我说："嗯，对呀！你现在作业写得又快又好！记得回家早点做完哦！"

　　那天晚饭前，泰瑞妈妈就把儿子做的中文作业拍照片发给我了，还开心地留言：他现在做作业快多了！

　　孩子刚开始做作业，可能会出现各种各样的问题，很多时候并不是一句"重写"就能解决的，家长需要耐心一点帮他逐步纠正和解决，今后就会越来越顺利，因此此时花点时间非常必要，且回报丰厚，但纠偏要注意方法，要耐心且温和，要帮孩子建立做作业的信心。

　　现在网络上有很多逼孩子做作业的笑话和段子，作为成人自嘲和娱乐无可厚非，但我个人不提倡在太小的孩子面前过度解读。因为孩子和成人的心理视角是有差别的，家长们的自黑可能很治愈，但在一些脆弱敏感的孩子心里，则可能引起恐惧和烦恼。其实大多数孩子一开始对做作业并不抗拒，都是因为逐渐累积了很多负面记忆和感受，才会产生抵触情绪。对孩子做作业中的负面情绪和不佳表现，家长应该尽量淡化而不是强化，要让孩子相信，做作业不一定意味着痛苦或疲倦，从另一个角度看，做作业也会收获成就感和自我价值感。作业是学业通途的一块块砖石，水滴汇汪洋，微步达千里。为了孩子的学业之路走得稳，我们要为做作业这件日常小事注入正能量。

我认识一位上海妈妈，她的女儿现在快上中学了，学习成绩很棒，特别是文科。我问她教育孩子有什么秘诀？孩子小的时候她是怎么盯作业的？她说："哪有什么秘诀？别想着偷懒，就是多操点心！"她回忆孩子刚上小学那会儿，她和爱人工作忙，下班不定时，孩子都是奶奶接回家的。有段时间，女儿放学总忘记做作业。后来她爸就想了一个办法。他让孩子奶奶把每天任务手册上的内容抄下来，贴在书桌前。回家先休息十分钟，喝杯牛奶，然后按照清单做作业，做完一项就打一个钩，作业完成后，可以看动画片。监督人可以是奶奶、爸爸、妈妈中的任何一个，检查好了监督人要签名！做就要做得正儿八经！

奶奶很支持他们，严格按照他们的办法执行，为孩子操了很多心，坚持一段时间后，孩子喜欢上了这种节奏，放学后喝杯牛奶，就开始埋头做作业。他们刚松了一口气，又注意到孩子写字时坐姿不对，拿笔姿势也不对，提醒了几次也不管用，于是又琢磨着换了可以矫正坐姿的座椅，还买了一个符合人体工程学的书桌，孩子的姿势才慢慢地调整过来了。渐渐地，孩子作业写得顺了，可能她自己也从工整的作业里获得了秩序感和成就感吧！后来做作业和学习的事，基本上再不用别人催了。她也不再需要每天盯作业，但还是会检查孩子已完成的作业并签字。这个妈妈说，最主要是养成独立学习的习惯，孩子有成就感了，学习也就自然成了自己的事。

这对父母朴实地运用了仪式感和小奖励，为孩子建立了早期做作业的流程。其实很多对孩子有益的好习惯，都是在他们成长关键期建立起来的，原理并不复杂，只要父母肯花心思和精力，都会找到最适合自己孩子的方法。

半途遇瓶颈，孩子依赖家长陪做作业

现实中很多孩子都存在这种问题——依赖父母。孩子做作业，刚翻开书本就对父母说：“我不会……你给我讲讲吧。”又比如，父母一走开，孩子就把作业扔下了，理由是：“我不会做，等你给我讲呢！”

这些现象表面上是孩子依赖父母，不愿独立学习，本质是孩子害怕独立思考，只想跟从。如果为了早点完成作业，每次都由父母代劳，这种依赖的毛病就会越来越严重，这显然是行不通的。帮助孩子养成独立自主的学习习惯，父母可以从以下两点来自检。

1. 避免过度包办，引导孩子独立解决难题

我们来看下面这个案例。

小雪上小学四年级，平时学习成绩位居班级中上水平，最近的几次考试里数学成绩却有明显退步，很多题都只做了一半，没有解出答案。数学老师找小雪了解情况，问她：“我发现很多题你只解了一半，为什么没做完，是时间不够用吗？”

小雪说：“后面那几个步骤我不太会。上次妈妈给我讲题，到这步我就有点迷糊，没太听懂怎么做。”

老师就有点急了：“这一步才是解题的关键，迷糊了你怎么不让妈妈重新讲呢？或者问老师也可以啊！”

小雪说：“当时很晚了，妈妈好不容易把答案算出来，她很兴奋，我不想让她觉得我那么笨，再说我也累了……”

问题找到了，老师找小雪妈妈沟通了一次，提醒她不要包揽孩子作业中的难题,最好给孩子一点启示,如果妈妈把一道题从头讲到尾,最好让孩子另外再独立做几道同类型的题目来巩固一下,否则就会适得其反。妈妈这才知道自己帮了倒忙。经过一段时间的调整,小雪的数学成绩稳定了,也渐渐改掉了不求甚解的坏习惯。

这个事例反映的问题其实很常见,一些孩子成绩没有进步或倒退的现象,往往出现在高知家庭中。这类家长出于追求完美或者急于求成的心态,想人为取代孩子自己从生疏到熟练的成长过程。如果孩子跟不上思路,有的家长还会催促或斥责孩子,结果却适得其反。

当孩子遇到了难题,最好的办法是求助于老师,因为老师的讲解比较专业。但如果时间不允许或者父母有能力提供帮助,当然也行,但解题绝不是告知答案那么简单,家长要学习一些儿童心理学知识。

家长理想的讲题步骤大致可分为四步。

第一步:评估。确定题目是自己可以讲解的,并且清楚知晓孩子的迷惑点在哪里。

第二步:启发。提出关键知识点,引导孩子回忆,如果孩子不记得了,可以让孩子打开书本温习一下,回忆课堂讲解的内容。到这一步,很多孩子都能有所领悟。

第三步:监控。孩子找到课堂讲解的要点,就可以独立解题了。家长可以稍后检查一下结果是否正确。这期间如果孩子不能顺利完成解题,家长可以适当再次介入,有针对性地提醒孩子解题的关键,必要时帮孩子一起温习一下模糊的知识点。

第四步:重演。假定孩子已经基本掌握了知识点,难题得到了解决，这时讲题并没有真正结束。家长需要寻找类似题型，让孩子独立解答一次，或者让孩子反过来给自己讲解一道题，确保用到刚才的知识点。同类题型并不难找，有时可能就是作业里的另一道题。关键是需要孩子独立解答，家长只负责检查正误。

如果答案正确，本次讲题基本完成；如果答案有误，家长需要重新走第三步，直到第四步的重演结果正确为止。

如果前期孩子已经有所依赖，那么需要家长有耐心和原则，慢慢减少自己的代做和干涉。具体如何减少孩子的依赖呢？我有几个可选的方法，由易到难，实施难度和效果均成正比。

（1）代解题+同类型题目练习。如果一开始孩子欠缺的知识点太多，实在无法独立完成作业，家长可以先一步一步帮孩子解题，确保每一步孩子都理解了，然后再找一道类似的题，让孩子自己做一次，确保其掌握了解题的原理，而不是帮孩子完成作业了事。

（2）总结拓展，攻克难点。完成作业并不是万事大吉，这时需要家长做总结，帮孩子列出作业中反映出来的薄弱环节和难点，提醒孩子在学校请教老师直到完全弄懂，或者在家长的帮助下自行练习。比如，如果家长帮孩子做了一道题，那么孩子就要在周末解三道同类型题。很多孩子权衡利弊，明白依赖一次家长，需要付出更多精力和课外时间，就会放弃惰性，转向专注课堂，独立解题。

（3）作业前复习流程格式化。帮助孩子建立一个流程，做作业前要复习课堂内容，这是能从根本上解决陪做作业问题的好办法。特别是在孩子学业负担尚轻的早期，及时培养这一习惯，是夯实基础知识的不二法门。

刚开始培养这个习惯时，有条件的家长可以适当陪同，并在相对轻松的气氛中进行。比如，放学回家的路上让孩子自行回忆课堂重点，或者回家稍微休息之后，让孩子翻开书，浏览一遍课堂重点。等到孩子习惯复习课堂内容后，家长就可以让他们独立完成作业了。不管是哪种形式，均以孩子不疲惫、不反感为宜。

作业前复习，看似浪费时间，但实则会大大提高效率。有句谚语说"磨刀不误砍柴工"，这样在稍后做作业的时候，孩子会建立信心，减少对家长的依赖，重新掌握对作业的控制权。

孩子养成作业前复习的习惯之后，家长就可以慢慢从陪孩子做作业中抽离出来。把自己的陪同者身份变成作业完成后的检查者。在此期间，如果孩子有个别不懂的或者做错的，家长可以引导孩子多检查几遍，大部分孩子都会发现自己的错误，

> **敲黑板4**
>
> 对于处于学业早期的幼童，在培养学习习惯时家长要注意与孩子共情和体谅孩子的情绪。把孩子从电视前或者电脑前捞起来直接去做作业，效果肯定会打折扣。这里建议引入正念—边界—舒适系统。做作业是边界，日常的流程可以作为某种舒适缓冲区。例如，放学回家，先吃水果，然后做作业，做完作业，可以有一个小奖励或者一段娱乐时间。建立一个好的流程，短期内不要改变，直到孩子形成一个舒适系统闭环。

如果孩子发现不了，家长再指出来，督促其改正。和之前的"全陪"状态相比，此时孩子的独立性已经显著增强，家长的负担也大大减轻。

2. 让孩子自行检查作业

前面我们提到，由家长帮助孩子检查作业并签字，眼下这是很多学校对家长的要求。事实上如果时间允许，在家长最终检查并签字之前，要求孩子自己做一次独立检查，是一个非常好的习惯，可以培养孩子独立学习的能力。因为这个习惯不仅可以提高作业质量，还是考试时筛查错误的重要步骤。在检查作业的过程中，孩子自己发现的问题，比起父母在旁指出的问题，会在大脑中形成更加强烈的信号刺激，从而有效地避免重蹈覆辙。相反，如果孩子在做作业时，潜意识里认为家长会代为纠错，有时候就会过于放松或粗心，反而容易出现疏漏而不自知。

敲黑板5

如今，陪孩子做作业成了很多家长的日常。在前期我们一定要注重方法，不能大包大揽，避免后期演变为一场依赖和疲劳大战。具体方式要根据孩子的实际情况而定，如学校早期阶段，那时内容简单，一般家长均可胜任。家长最好尽早介入，温和地帮孩子建立良好的习惯，为后期独立学习做准备。如果是在学业中期，孩子已经有了依赖家长的习惯，家长则需要优化自己陪做作业的方式，循序渐进培养孩子独立思考、解题和纠错的习惯，渐渐从陪孩子做作业中抽离出来。

露莎是家里的独生女,在学习上妈妈对她盯得很紧,每天只有写完作业才能看电视或上网。妈妈对待露莎的作业很重视,每天都会亲自检查,圈出错误,叮嘱露莎修改。后来妈妈渐渐发现,露莎作业中很多错误一再重复。于是,妈妈让露莎自己先检查一遍,之后她再把关,但情况依旧,露莎的检查很敷衍,等妈妈最后把关的时候,错误依旧很多。妈妈提醒了多次,露莎仍然走不出犯错、改错、再犯的恶性循环,最多说一句:"哦!我又没看出来!还好你发现啦!"

如果平时父母喜欢帮孩子把关,那么让已经有所依赖的孩子回到自查状态,会有一点困难。他们很可能会像露莎一样,敷衍了事或者消极懈怠。该怎么做呢?后来,露莎的妈妈反省了一下,其实一开始帮女儿检查作业,就是因为她自己是个完美主义者,她希望女儿的学业记录尽量完美,由此牺牲了大量时间和精力。现在才意识到,她的包办检查剥夺了女儿成长和学习的机会。于是,妈妈跟老师私下沟通说:"接下来三天,我不会检查女儿作业,请老师帮忙,督促露莎重新培养一个好习惯。"

第一天,露莎的作业错了五六处,老师要求露莎每个错误的地方抄写三遍。露莎哭丧着脸回到家:"妈妈,我今天的作业错太多了,我被老师罚了……你怎么没检查出来?"妈妈早有准备,语气自然地说:"现在学的东西越来越多,你自己要上心啊,因为妈妈也越来越看不懂你的作业了!"

露莎若有所思地"哦"了一声,那天她检查作业花的时间明显长了一点。第二天,露莎回到家还是一脸烦恼,问妈妈:"今天我的语文作业又错了好几处,以前我作业全都对,这两次真是太丢人了！"妈妈问："老师又批评你了？"露莎说："没有，老师今天没有批评我，居然还说我有进步。因为上次抄写过的那几个词我写对了，不过老师要我把今天作业里的错误再抄三遍。唉，真难堪……"妈妈说："不用难为情，老师表扬你，说明你确实进步了，昨天我看你检查得挺认真，继续这样做就很好！"

露莎似乎有点明白了，她问："要是我以后作业老出错怎么办？"妈妈说："错了很正常！有错就改。要不我们查缺补漏，去问问老师有没有推荐的题目做一做？这才刚开学，能赶上！"露莎点点头。那几天露莎的作业不再整洁，一个个刺眼的圈圈叉叉让她很失落，妈妈却一反常态，淡然处之，不但没责备她，还夸她改错改得好。露莎通过查缺补漏，巩固了一些薄弱环节，不久后的单元测验，成绩名次居然还有所提升。

这个案例是一位微博网友分享的真实经历，虽然用了化名，但相信这样的故事在我们日常教育中很常见。这位妈妈告诉我，她通过这件事，发现了自己追求完美、急于求成的心态对孩子的干扰，好在及时觉察并调整了过来，帮助孩子回到了独立学习的正途上。

孩子的学习和做作业，其实都是试错的过程。鼓励孩子自己检查作业，既可提醒他做作业的本质是查缺补漏，不是打造表面的完美，也能引导孩子积极面对错误，从中学习。同时，认真甄别自己犯的错误，是一种打破思维定式的好方法，当孩子能够独立高效检查作业时，也就能对自己的各项学习任务进行良好把控。

陪孩子做作业，不是我们必须做的"事业"，我们要做的不是越做越好，而是越做越少，让孩子自己操心自己的事，独立做作业并自行检查，是他们日常重要的任务，由此养成的复习、自省、纠错等习惯，是其形成独立学习力的重要条件。独立学习力不仅将父母从疲惫不堪的陪同者身份中解救出来，更能为孩子的学业保驾护航，使其形成清晰强大的学习型大脑，终身受益。

敲黑板6

> 永远不要低估家庭氛围的强大能量，与其死盯着孩子，不如父母也养成一定的习惯，关掉电视，放下手机，开始阅读或者学习。家庭中的学习气氛，会对孩子产生非常大的心理暗示和感染效应。

第 6 章

从陪伴到对视：把成长还给孩子

什么是高幸福感成长？就是孩子渐渐掌握自主权的成长。自主权一定需要边界的支持，建立了舒适系统的孩子，会有很高的自我认同感。试着让孩子主导自己的生活和学习，做出选择，承担后果。父母和孩子可以进行平等对视甚至尝试角色对换。

6.1 高质量陪伴:说孩子听得懂的话

教育是另一种形式的人生探索,它反映的常常是父母前半生忽略的那些重要的东西。有人会奇怪,为什么自己挺优秀的,却教不好孩子?其实教育挫折有很多种,其中有两种很典型:第一种是孩子的不足跟父母一样,说明亲子陪伴质量不高,不仅是孩子,连父母都没有变成更好的自己;第二种是孩子完全跟父母不一样,不但没学到父母的优点,还叛逆,那说明父母对孩子的陪伴没有起到传导效应。以上两种,不论是哪种情况,都说明亲子陪伴质量不算高。

拿我自己来说吧!做妈妈以后,我像变了一个人。从前的我比较冷静,认为成熟就是做到"山崩于前而面不改色"。有了孩子后的我却常常"斯文扫地",在崩溃中年女人和励志中年女人两种人格之间无缝切换。比如以下场景:

在厨房递给孩子们一人一盘午餐,让他们自己端到餐桌去,食欲旺盛的孩子们拿起盘子健步如飞。前一秒钟,我还在絮絮叨叨地嘱咐"慢点,慢点!别跑,别跑!鸡块会掉下来",无奈生猛娃疯起来似乎是超音速的,喊话根本追不上。眼见一盘子的鸡块、玉米、西兰花,就像马里奥游戏里的加分小金币一样,在刚打扫干净的地板上天女散花般地滚得到处都是,我的声音瞬间提高了:"说了多少遍!别端着盘子跑!!!"

看到我沉下来脸,自知理亏的孩子们马上猫着腰满地捡食物,还拿了两张纸巾试图清理现场,刚还在崩溃的我马上又说起了软话:"哎呀,挺负责任的嘛,还知道帮忙清理!知错就改,真是好孩子!"

一边干活一边不甘心的孩子们问:"为什么我已经很小心地端着盘子了,东西还是会洒?"

一看机会来了,我又立刻变身为人工版"十万个为什么":"是这样的!盘子跟你一起快速移动,你忽然停下来,盘子里的食物却因为惯性还在往前跑……"(此处省略50字物理学讲解,为什么只有50字呢?因为俩娃早就跑开了。)

后来,这种无奈的日常让我开始自我反省,我发现与其像这样用力过猛,人格分裂般地追在孩子身后讲道理,不如另辟蹊径,让孩子能听懂我说的话。

怎样做才能被孩子听懂呢?

很多家长吐槽说,孩子越来越不听话。但你有没有想过,原因可能是,你说的话不好听懂。

心理学中有一个法则叫"麦拉宾法则",也叫"73855定律"。它是由美国心理学教授艾伯特·麦拉宾在20世纪70年代通过数年研究,分析口头和非口头信息的相对重要性后得出的一则定律。

这一定律理解起来很简单:我们在和一个人交流时,对方感知到的信息量是按照这三个百分比来划分的:

55%是通过看到的,比如我们的手势、表情、神态、肢体语言等;

38%是通过听到的,比如我们说话时的语调、语气、速度、音量等;

只有剩下7%的信息,来源于话语中的具体内容。

了解了以上事实,我们就不难理解当下很多父母在教育中遇到的这些问题了,包括我自己经历过的。

苦口婆心的说教,无法在孩子大脑里留下印象

原因:父母跟孩子说话时,干货和信息都集中在话语里。跟孩子说话的时候,大人可能还在忙,在开车、做家务、做饭时见缝插针地念叨,或许孩子也没在意,只顾着埋头吃饭,或者正急匆匆地做作业、穿袜子、专心地玩游戏……这时候就会出现"话追不上人"的尴尬,比如前文提到的我家发生的"鸡块掉落事件"。你觉得自己说的都是肺腑之言,你以为孩子会感同身受,但实际上孩子的大脑并没有接收到你的信息,眼睛也没有接收到你的身体语言,孩子的耳朵在忙,他们最多知道你在说话,还没等传导到大脑,又赶上了你声色俱厉地总结:"我说了半天,你到底听见没有?!"你说,这样的教育效果能好吗?

好心好意跟孩子讲道理,却被无视或者顶嘴

原因:虽然是苦口婆心地讲道理,却用了气急败坏的方式。你采用这种方式的原因有很多,可能着急,可能自己的心情也不好,也可能是说了几次孩子都不听,而自己的耐心已耗尽……这个时候,就算你讲的道理都是对的,孩子接收到的信息可能也只占7%,如果其他55%和38%的信息传达的都是愤

怒、否定和施压，那7%的有效信息也会被覆盖，那么孩子出现反抗或逃避等行为，就不奇怪了。

心理学家告诉我们，孩子的大脑基底层是情绪脑，上层大脑才是理性脑，情绪脑比理性脑发育得早且成熟度高，所以孩子用来处理信息的第一站是情绪脑，然后才是理性脑。换句话说，我们所说的每句话首先引发的是孩子的情绪，然后才是他们的理性思考。所以，我们想要把话说到孩子心里去，想要孩子听懂我们的话，就必须调动起他们的情绪。

找到了原因，问题解决起来就简单了。我们可以在交流中加入一些共情的小技巧。

1. 借助身体语言去开场

身体语言是很重要的媒介，它能在瞬间传达很多信息，如关切、提醒、安抚、鼓励、警告……每个孩子都有他感觉舒服和习惯的身体语言，有的孩子喜欢父母摸摸头，有的喜欢被拍拍肩，有的从小就受用一个拥抱。作为家长，你没必要特别拘谨，可以采用自己孩子最习惯的身体语言。对于女孩子，跟她说话前，可以走近她，温柔地触碰一下她的肩膀，或者摸摸头发。对于男孩子，也许拍拍背或者搂搂他的头，引起了他的注意后再开口。总之，选择一种孩子最习惯、最放松的身体语言，进行一个对话前的准备。

这样做的好处有很多。首先可以平复孩子纷乱的心绪，让他放松下来，而且这也是一种走进孩子内心世界的方法，不露痕迹地吸引孩子的注意力。同时，给孩子传递一个信号：宝贝，我现在带着一种温和的态度，来跟你认真地沟通一件事情！

2. 利用仪式感去开场

可以给重要的交谈设置一个开场白，如"你有时间吗？爸爸能跟你聊几句吗？"或者"占用你几分钟，妈妈有件事跟你谈谈"。

有人可能觉得这种开启谈话的方式有点过于正式。但我认为，孩子成长到一定阶段，父母就很需要在生活中引入这种仪式感，这也是一种心理暗示，让孩子感知到自己在家庭中的地位越来越高，得到了更多的尊重和认可。并且，这种谈话对增强孩子的自信心很有帮助，同时也会增强孩子对谈话内容的重视程度。另外，习惯有仪式感的谈话，还为孩子将来迈入社会奠定了一定的心理基础。

如果担心有仪式感的谈话会增加孩子的心理负担，我们可以有意柔化语言，并且尽量把握好每一次谈话的内容，既要有提醒和批评，也要有表扬和激励，让孩子得到尊重的同时，渐渐淡化谈话时产生的紧张感，把这种时刻当作一种日常沟通。

3. 交流的内容要有一定的创意

孩子通过语言交流接收的信息，只占到他大脑接收信息量的7%，但即使想让这7%顺利留在孩子大脑里，也是需要技巧的。尽管我们爱子心切，也不能总是老生常谈。感知疲劳的孩子很难对同样的话产生正面的情绪，更谈不上起到好的沟通效果。如何让我们的话更好听、更容易听，是亲子沟通中一门很重要的功课。

做了汉语老师以后，我每天都在接触不一样的孩子，不管是线上课还是线下课，上课的第一件事就是让孩子们集中注意力。尤其近年来线上课的比重剧增，关于如何通过组织语言让孩子保持交谈的激情和专注力，我摸索出了几条心得，跟大家分享。

（1）积极正面的情绪引导。简单地说，就是常常带着欣赏和鼓励的态度与孩子进行对话。每次跟孩子沟通，无论孩子有多少不足，都不要迎头斥责，而要带着鼓励和欣赏的态度，试着从孩子的闪光点切入。夸孩子其实并不难，难的是你要真诚地夸奖而不是违心地说谎。

我有个学生索菲亚，一个10岁的精力旺盛的小女孩。索菲亚一开始是被妈妈要求才学中文的，她可能觉得中文很难，所以一有机会就找借口从屏幕前（在上网课）跑开，或者抱着她的大白猫不放手，不认真跟读。她妈妈也很苦恼，说索菲亚在学校也是注意力不集中，有点淘气，已经换了好几位线上课老师，都不行。她希望我能想想办法，帮索菲亚跟上学校中文课的进度。

在线教这样淘气的小女孩，确实有点难度。但我很快发现，即使是像索菲亚这样淘气的孩子，身上也是有很多优点的。而且越是淘气的孩子，对夸奖越敏感。于是，有一次当她又抱起家里的大猫当挡箭牌不肯跟读的时候，我就开始夸赞这只猫，我说："你的猫真好看！你这么使劲揉，它也不发脾气，看来你家猫猫好爱你啊，你一定也很爱它吧？"

索菲亚眼睛一下就亮了，跟我大谈她的猫多可爱、多黏人，于是我用中文跟她说"喜欢"：喜欢什么，不喜欢什么。索菲亚忽然很有交流的欲望，还主动用中文吃力地重复"猫""喜欢""白色"等字词。原来她喜欢猫，不喜欢狗，也不喜欢自己的哥哥。我就这样一点一点地把课本上的词汇代入我们的聊天内容，引导着索菲亚跟我结结巴巴地练习了一节课的中文对话。

后来，索菲亚一见到我就很开心，兴致勃勃。为了让她多说中文,我就跟她约好,在课堂上如果想跟我说一句英语,她必须学一句中文,学什么都行。她答应了。时间一长,我发现索菲亚的记忆力惊人,教她几遍的句子,她竟能一字不差地记住。不过因为她耐心不够,爱走神,对字词不求甚解,所以在学校课堂上总是跟不上。我用课本内容让她自己造句,她很快就赶上进度了。

对索菲亚这样的孩子,是需要多一些耐心和精力去引导的。如果只是简单地制止她"别淘气,专心听讲",她即使放开猫,也会走神,无法达到好的效果。想要吸引她的注意力,首先要接纳和承认她的情绪。比如,索菲亚喜欢猫,她觉得玩猫比上课有趣,这种情绪并没有错,但现在我们需要上课,所以我要引导她的注意力从猫身上转移到我身上,柔性的情绪引导比强行要求效果要好。

生活中这类顽皮的孩子很常见,他们个性鲜明,不服管束。性格本身并无优劣之分,但在学业上,我们当然希望孩子更加专注。同时,我们也无法完全依赖老师去甄别孩子的需要,毕竟课堂教学很难兼顾每个孩子的情况。所以作为父母,我们就要多花点精力,认识到自己孩子在沟通上可能存在的问题,利用自己对孩子的了解,帮助他们弥补和改进,为孩子的学业保驾护航。

(2)学会控制情绪,斩断生气的链条。有时,对孩子说的话被当成了耳边风,我们一定会感到失落甚至气愤吧!这个时候我们需要换个角度去思考这件事,也许就可以看清楚自己生气的原因了,从而平复心情,客观思考。

当孩子不听话的时候,我们需要问自己几个问题:

（1）我说的话正确吗？有没有可能不正确？

（2）这些话对孩子有好处吗？

（3）孩子拒绝的理由是什么？有道理吗？

（4）孩子不采纳我的建议，会有什么后果？

（5）我为什么生气？是因为孩子没听我的话，还是因为孩子违背了约定和规则？

每次你因为孩子不听话生气的时候，问自己这几个问题，有利于迅速厘清生气事件中自己和孩子的边界。以上任何一个问题的答案，都有可能帮助你斩断生气的链条，重新回到客观的视角，因为你不是事件的主体。

我们举个例子，你提醒孩子练习钢琴，孩子不想去，断然拒绝了。你可能会生气，这时你可以问自己这五个问题：

（1）我让孩子练琴，要求合理吗？

答案一：不合理。孩子不喜欢弹钢琴，是我逼着她去的，也许该考虑放弃了。

答案二：合理。孩子求着我买的钢琴，她喜欢弹琴，只是今天她累了。

（2）练琴有必要吗？

答案一：没必要，不为考级，只是为了放松。孩子今天拒绝练琴是因为累了，也许明天就想练了。

答案二：有必要，弹琴是孩子自己的理想，快要考级了，今天按计划要练琴。

（3）孩子拒绝练琴的理由充分吗？

答案一：充分，孩子已经保证她明天会练，今天有更重要的事要做。

敲黑板1

> 为什么孩子有时候不听话呢?建议学习一下麦拉宾法则,根据人脑接收信息的比率7%、38%、55%,适当调整自己跟孩子沟通的方式,运用身体语言、有仪式感的谈话和有创意的谈话等,在父母与孩子之间打造全方位高效沟通的渠道。另外,父母有时候需要"跳出来",才能看到一些亲子间产生分歧的原因和症结,以便及时斩断生气的链条,回归理性和温情的沟通。

答案二:不充分,每次都是推到明天,已经拖延好几天了。

(4)孩子今天不练琴,后果严重吗?

答案一:不严重,孩子练琴本就是为了放松,陶冶情操。

答案二:严重,会影响孩子的钢琴考级,考级是孩子自己立下的目标。

(5)我生气是因为孩子没有服从我的安排,还是因为孩子没有履行计划?

答案一:因为孩子没有服从我的安排。虽然我希望孩子能坚持弹下去,觉得考级对孩子很重要,但是孩子只想把弹琴当作爱好。如果真是这样,继续还是放弃,孩子应该有发言权,我该听听孩子的心声。

答案二:因为孩子轻易放弃了自己的理想。她是因为热爱才决定学习弹钢琴的,想把弹琴变成生活的一部分,可现在稍微有点困难就退缩了。

经过这几个问题的梳理,我们可以找到好几个缓解家长因孩子不听话而产生的负面情绪的出口,斩断这种亲子间对抗的链条。这一过程可以用下面这张图直观概括，每一个白色箭头，都是家长负面情绪的潜在出口。一旦某个问题的答案导出了白色箭头，说明孩子的不听话是有客观原因的，家长可以试着放下被拒绝的负面情绪，把这个问题本身还给孩子，而家长则回归到帮助孩子的角色中去。

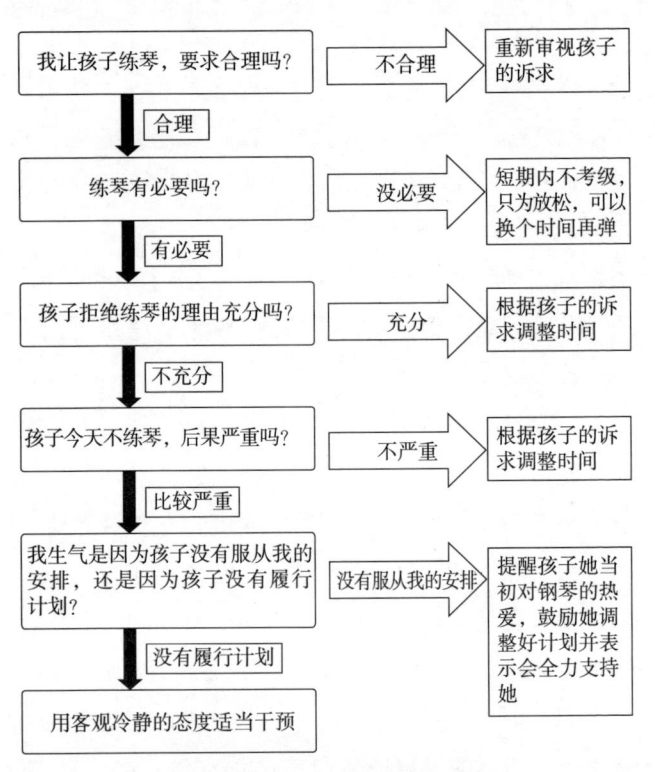

问题	分支	处理方式
我让孩子练琴，要求合理吗？	不合理 →	重新审视孩子的诉求
↓ 合理		
练琴有必要吗？	没必要 →	短期内不考级，只为放松，可以换个时间再弹
↓ 有必要		
孩子拒绝练琴的理由充分吗？	充分 →	根据孩子的诉求调整时间
↓ 不充分		
孩子今天不练琴，后果严重吗？	不严重 →	根据孩子的诉求调整时间
↓ 比较严重		
我生气是因为孩子没有服从我的安排，还是因为孩子没有履行计划？	没有服从我的安排 →	提醒孩子她当初对钢琴的热爱，鼓励她调整好计划并表示会全力支持她
↓ 没有履行计划		
用客观冷静的态度适当干预		

斩断生气链条，回归理性沟通

说明：如果每个问题的答案都导出了黑色箭头，则需要家长干预和监督了。这时候，家长要先接纳孩子的情绪，只有先接纳孩子的情绪，才有可能走进他们的内心，找到问题的症结，给出解决方案。

6.2 由陪伴到对视，从过夜邀请开始

孩子一过六七岁，长大的速度就更快了，不仅是身体日益健壮、活力十足，心理上的成长更是日新月异。10岁左右的孩子更加难以管束，因为这时候孩子的自我人格正在蓬勃觉醒。父母需要适时调整教育方式，由陪伴渐渐转化为与孩子平等对视。

在法国，儿童的成长对视期来得更早一点。像我在前面给大家推荐的玩耍约会，就是一种很好的对视期的预热，它可以帮助孩子从跟父母玩过渡到跟同伴玩，拓展自己的社交空间。等到孩子生活自理能力进一步增强，就可以短暂离开家过夜了，关系好的家庭之间会组织另一种活动——过夜，其实就是到小伙伴家留宿，英语一般称为"sleep over"。

这种邀请小伙伴过夜的活动，其实就是玩耍约会的升级版，在此不再赘述。不过需要说明的是，能够开展这种活动的重要前提是，孩子已经具备了一定的生活自理能力，所以至少要到七八岁。一般都是在一起玩很久的小伙伴之间相互邀请，然后孩子再向父母提出请求，由父母之间约定时间和细节，比如几点去、是否需要吃晚饭、饮食上的注意事项，以及第二天什么时候可以去接等。

为什么说到小伙伴家过夜是一项受欢迎的活动呢？首先，因为孩子大了，更喜欢跟同龄人玩耍，所以父母乐得让孩子去

放放风，自己也能轻松一下。虽然说起来有点不好意思，但这是客观事实——家长也有稍微偷懒的权利啊！过夜这项活动一般都是"礼尚往来"，这周我把孩子送去小伙伴家过一晚上，几个星期后，我也会邀请对方小朋友来我家做一晚上"小客人"。作为东道主的家长，要负责孩子的饮食和安全，因为孩子在学校里接受的安全教育也很到位，所以比较轻松。我专门买了充气床垫，放在孩子们的卧室，让小家伙们一起热热闹闹地挤上一晚。

这项活动最重要的意义，是训练孩子的独立生活能力。我记得阿莱克斯第一次去别人家过夜的时候，那天晚上我是有点忐忑的，因为阿莱克斯从来没有单独离开过家，更别说在外过夜了。为了减少主人家的麻烦，我只送了哥哥去过夜，让弟弟留在家里。晚上，对方妈妈发消息告诉我，孩子们玩得很开心，一切都好。第二天中午，我按约定时间去接他回家。平时大大咧咧的阿莱克斯，一见到我就扑进我的怀里，说特别想我。女主人也笑着告诉我，说阿莱克斯昨天晚上玩得很开心，也很有礼貌，但是在睡觉时却忽然哭了。问他为什么哭，他说想家，想爸爸妈妈，想弟弟了。这让我有点意外，因为去过夜的这家的小朋友是阿莱克斯最好的朋友，他们在一起很融洽，应该不存在闹矛盾的情况，究其原因还是阿莱克斯从来没有离开过家人，所以会感到有一点安全感缺失。然而，这一课迟早都是要上的，在要好的小朋友家过夜，是提高这种素质最好、最安全的方法了。

后来我又定期安排了好几次这样的过夜活动，阿莱克斯越来越轻松自如，虽然每次回来还是会悄悄告诉我他晚上想家了，但已经轻描淡写、处之泰然。每次去朋友家过夜，孩子们都自己收拾洗漱用品和换洗衣物，我很欣慰他们在10岁之前已经学会了这一课。

作为家长，有时候我们会忽略一个事实，初次独自离开家在外过夜，对孩子的心灵冲击是很大的，为了帮助他们成长，家长需要在安全的前提下给他们创造锻炼的机会。国内的父母们，如果不放心这种小朋友间的互访，也可以利用要好的亲戚帮孩子完成这一重要的转型训练，为孩子的对视期做好心理建设。不要非等到上寄宿中学甚至大学时，才让孩子被迫面对这种独立的生活。

当然，过夜活动并不是孩子对视期的唯一训练方式。在法国，有时候父母还会把大一点的孩子送去一种露营俱乐部——"集体夏令营"，一般在暑假期间开营，时长为一两个星期，有点像国内的夏令营，多选择在森林或者野外。一般会聚集二三十个孩子，由专业户外教练带领孩子们在森林营地或者户外公园露营，教孩子们一些野外生存技巧、体育项目、集体游戏等。住的是男女分开的集体宿舍或者帐篷。集体夏令营可以看作过夜活动的升级版训练。这种训练可以帮助孩子拉长独立生活的体验期，在这一两个星期里孩子能学到很多实用技能，不但学习了独立生活，还体验了集体生活。但是参加这类活动需要一定的费用，跟省事且更安全的过夜活动比起来，我更加推荐后者。

在这一转型期，父母还需要有意在某些方面对孩子进行松绑和放权。比如在某些时候，父母可以对孩子表露出自己的情绪和需求，激发孩子的责任感和对父母的关心。我简单地总结为"父母要学会示弱"。

长久以来,中国的父母,可以说是各种文化中最无私、最疼爱孩子的父母之一。以前的传统教育都提倡父母要有责任感、有爱心,担当一切,风雨无阻,为下一代撑起一片天,让孩子快乐成长。父爱如山,母爱如水,是孩子的依靠。但是,当代教育理念提醒我们,为了让孩子形成健全的人格,我们有必要教会孩子给予和关爱别人。在从陪伴到对视的过渡中,父母适当示弱,表露自己的情绪和弱点,是情商教育中很重要的一环。

记得刚刚搬到法国的时候,我们经历了一段混乱和疲惫的日子,那段时间小马刚接手新工作,每天都早出晚归。家里只有我,除了要照顾两个7岁的孩子,我还要打扫、采购、联系银行等,每天都忙得焦头烂额。我们刚搬来的这座城市,城区里有很多老街巷,门牌体系也和国内很不一样,我每次出门都容易迷路,找不到地方。再加上刚到法国,我的法语还不流利,无法和当地人正常交流。有一天,我带孩子出门活动,顺便去超市采购日用品,回家的时候居然又走错了路,最后越走越远,快走到城区边缘也没找到回家的路。

那是3月的一天,午后有点阴冷,快下雨了,一路上也没什么人,我提着重重的东西,还带着两个孩子,又着急又无助,就在路边坐下休息。我没有对孩子们说我迷路了,担心他们会害怕。手机地图也不给力,我只好凭记忆一条路一条路地寻找我认识的地标。忽然,我听见身后托马斯压低声音对阿莱克斯说:"我觉得妈妈一定是又迷路了。"一个"又"字让我瞬间没忍住,我只好承认:"对呀,我们是迷路了,妈妈的方向感真的不好！怎么办呀？"没想到，孩子们并没有害怕，反而你一言我一语地给我出主意：

"我们给爸爸打电话，让他来接我们。"

"可爸爸也不知道我们在哪里啊？我都不知道我们在哪儿啊！而且今天他去了很远的工厂开会，还是别找他了！"（其实我是不想让小马知道我又迷路了。）

"我们找警察吧？""哦……妈妈法语说得不好，我怕万一找了警察也说不清楚，岂不更麻烦？"（好吧，那时我有法语恐惧症，妈妈的光辉形象在持续崩塌。）

后来，阿莱克斯提议："我们可以按原路走回超市，然后从那里再找路！"

宇宙第一路痴的妈妈觉得这真是个好办法呀，便欣然采纳了！于是，我们回头沿着来路，又走了十几分钟，终于回到了超市。途中，孩子们还主动帮我分担购物袋里的东西，阿莱克斯抱一盒牛奶，托马斯拎一包厨房纸巾。到了超市我发现，刚才买完东西我们是从另一个出口出来的，没走平常熟悉的出口，所以才走错了方向。之后就很顺利了，我找到正确的路，把孩子和东西都安全带回家了。

晚上小马回家，孩子们欢呼雀跃地说："妈妈今天迷路啦！"（只用一秒钟就把我出卖了。）然后，听着孩子们叽叽喳喳地讲他们如何把迷路的妈妈带回家，被小马嘲笑又心疼的我，内心既崩溃又骄傲。崩溃的是妈妈无所不能的"神话"正式破灭，骄傲的是孩子们今天真的既镇静又给力，我十分欣慰。从那以后，我就经常利用孩子们的"英雄主义"给自己找帮手，比如搬东西、给花浇水、擦洗楼梯、在超市货架上找商

> **敲黑板2**
>
> 从陪伴期过渡到对视期时，父母需要提前在日常生活中加入一些预演，以帮助孩子体验和适应今后的独立生活。在法国，人们喜欢用玩耍约会或者集体夏令营这样的活动，让孩子暂时体验独立生活的乐趣。同时，父母可以适当向孩子示弱，激发孩子的责任感和挑战欲，进一步引导他们独立人格的觉醒和成长。

品等，孩子们都兴奋地争着去完成。而托马斯替我这个路痴妈妈操的心更多——他给我画了一张简易的地图！图上还标出了家周围的面包店、银行和超市的位置，居然大体都标对了，不得不说，男孩子的方向感就是好。好开心！

在此需要提醒，父母示弱的场合要有所选择，首先要保证安全性。比如，虽然那天迷路了，但我知道并不危险。因为当时是白天，而且这个城市的治安很好，否则我一定会第一时间报警。再者，让孩子尝试的任务必须在孩子能力范围内，不能选择危险或者会对他人造成干扰的事情来练手。比如，让孩子去厨房帮忙找东西时，要保证厨房里没有明火，没有危险品；让孩子帮忙打电话，要确保孩子不会在公众场合泄露隐私或者打搅他人；绝对不能轻率地让孩子离开家长的视线，或跟陌生人单独接触等。另外，还有一个重要的事情，得到孩子帮助的家长，一定记得不要吝惜对孩子的鼓励和感谢。

家长在适度向孩子表露情绪和弱点时，既可以承认事实，也可以假装示弱、有意为之。通过这种方法，家长可以向孩子提出问题，鼓励他们说出自己的想法和主张，行使一定的主动权和决定权,大部分孩子都会积极回应,提供帮助和建议,这会大大地提高他们的独立性,让他们获得完成某项任务的成就感,获得情绪价值。父母适度示弱,把一些主动权交给孩子,是从陪伴过渡到对视的一种很重要的改变。

6.3 与其追求完美,不如培养自律

想让孩子从陪伴期平稳过渡到对视期,决定因素当然还是孩子自身的成熟和成长。父母对孩子的各种美好期望,有时候会无意中给孩子造成巨大的精神压力,反而不利于孩子的心理成熟。

我们经常忽视一件事,那就是其实孩子非常在意父母对自己的看法,而且这会直接影响他们的信心和认知。当我们用尽各种方法,动员和激励孩子努力学习的时候,其实我们的情绪也正在涂抹孩子成长的精神底色。所以,不论当下孩子的表现是否让人满意,父母对孩子的情绪一定要是正面的、积极的、肯定的。亲子关系是一种双向的关系,孩子对父母情绪的感知相当敏锐,你对孩子表现出来的些许嫌弃、担忧、失望,孩子都会敏感地接收到,并且长期影响他们的斗志和信心。同理,如果你从心底里对孩子表示欣赏、信任、支持,孩子也同样感受得到,从而拥有变得更好的底气和动力。

世界上不存在完美的孩子,就像不存在完美的父母一样。

想要孩子变得更好，我们首先要接纳他们的缺点，并理解那些缺点，然后才能以帮助者的角色去帮助孩子改掉缺点，遇见更好的自己。被父母嫌弃和否定的孩子，是得不到安全感的，他们要么遵照父母的意志盲目地努力，失去自己选择和判断的能力；要么叛逆反抗，反其道而行，更容易误入歧途。只有感受到父母的欣赏和支持的孩子，才能从内心涌现出成长的动力，这才是真正健康的自律。

家长都希望孩子能养成自律的习惯，不用别人督促，就把自己的生活和学习安排得充实美好。但是现实中，孩子是很难做到的。原因很简单，孩子的心智和意志普遍都弱于成人，而且如今生活中的干扰也大大多于几十年前，想要孩子做到自律，单靠激励和要求是很难实现的。别说孩子了，有多少大人能做到百分之百自律呢？我们不是也常常暗自懊恼：又虚度了一天、多少计划被自己的拖延症耽误了……

面对孩子的贪玩、畏难厌学、拖延懈怠，到底有没有自律养成的秘诀呢？我只能说，性格各异的孩子，自律养成的方法也不一样。但是总体来说，有几个做法却是适合大部分家庭的。

发挥正念思维，不反应过激，不强行要求

对孩子的偏差行为，家长需要努力保持情绪稳定，不要反应过激。剧烈的情绪波动本身就会变成另一个干扰因素，更容易分散孩子的注意力。我想这种经历大家都曾有过：有时试图严厉要求孩子做什么，反而遭到孩子的抵制或敷衍。那么，如何另辟蹊径呢？

我们先要接纳和理解，孩子本来就是感性的而不是理性的。沉浸在情绪中的孩子，任何要求对他来说都是外界干扰，他本能的反应就是抵制和逃避。即使勉强听从，心里也是各种委屈不服。所以，想要孩子服从你的教导，第一步往往不是制止或要求，而是接纳和理解孩子当时的情绪，并帮助他找到发泄的出口。

有段时间我回国探亲，一个亲戚家的小孩，放学后会被送到我家来，他爸妈请我帮忙盯作业。小家伙叫乔乔，11岁了，是我看着长大的。他爸妈工作忙，所以一直由保姆照料。乔乔聪明贪玩，个性极强，每天做作业喜欢拖沓，催得紧了就顶嘴，常常能把他妈妈"逼疯"。第一天来，这个孩子还算自觉，在我的监督下，虽然作业做得慢，但好歹完成了，晚上被他妈妈高高兴兴地接走了。第二次再来我家的时候，乔乔就自来熟了，吃零食、喝水、看电视。做作业？是不存在的事。我问他没作业吗，他撒娇说："阿姨，这个动画片我追好久了，让我看完再做好不好？"

这时候，如果我不由分说地"啪"把电视关了，吼一声"做作业去！"也不是不可以，但是接下来的消极怠工、拖延，可能会让我像他妈妈一样抓狂。因为在他的认知中，做作业这种事，哪有看动画片开心呢？而我更没有那个精力去强行要求、盯梢，让他做作业，等到彼此的耐心耗尽，他就又回到了顶嘴的原点。

想到这些，我走过去坐在他身边，有意重重地搂了搂他的肩膀。这样做很关键，跟孩子说话的时候，最好让孩子看到你的脸和表情。如果是对男孩子，你的动作还可以更加豪放一点,反而更容易吸引他们的注意。

我问:"这是什么动画片啊?"

"《少年泰坦出击》,是我最喜欢看的!"

"哦,这个我知道啊!你的两个小弟弟也爱看!我也看,我最喜欢里面那个一生气就变猫的小姑娘!"

"哈哈,你说的是星火,我最喜欢那个半机器人钢骨!"

乔乔跟我不生分,说起动画片他能聊一晚上。我看他的情绪梳理得差不多了,就转移了话题:"你妈为什么把你送来送去的,为什么不直接让你回家?"乔乔说:"不知道啊!嗨……大概是因为我那些作业吧!"

我心想,敢情这小子什么都懂,就是不做啊!

我说:"昨晚你做完作业回家,轻松不?""嗯!昨天是挺开心的,回家时我妈还绕路给我买了夜宵!"

"就是说啊,我明白你爱看动画片。动画片好看,但你的任务也要完成。要是一会儿你妈来了,看到你作业还没写,明天肯定就不让你来我家了!"

"好好好,我现在就做还不行吗?"乔乔迅速坐到书桌前。

"这还差不多!动画片又不会飞,做完作业再舒舒服服地看不好吗?"我压抑住内心的欢喜,故作镇静:"有不懂的来问我。"

你看,这样跟孩子说话的效果,是不是比直接催促他做作业要管用得多?乔乔在我这里"托管"了一个月,养成了及时做作业的习惯。我跟乔乔妈聊过,她也在琢磨怎么跟孩子说话才更有效。我说,乔乔长大了,你单凭禁止和要求去命令他,会越来越难奏效。我建议他妈妈试着跟他谈条件，可以尊重他的正当爱好，但作为对等条件，乔乔必须把放学后先做作业的好习惯坚持下去。后来，乔乔不用再被他妈妈"寄存"了，有时他还用他妈妈的手机给我发微信，问我英语题。他妈妈说，乔乔现在做作业自觉多了，成绩也稳定了，真令人欣慰。

只有接纳孩子的情绪，孩子才能感到你跟他是"一伙儿"的，你是希望他快乐的，他也就能放下心理防备去接纳你的建议或指令。不否定孩子的需求和情绪，孩子才会对你的建议做出回应，这是孩子的天性。与其逼孩子听你的话，不如让孩子明白，你是在帮他建立高效的学习习惯，用他律培养健康的自律。

替换遵循客体，由"听话"变成"守约"

简单地说，想让孩子真正自律，我们教育孩子的目的，就不能是让孩子听大人的话，而是鼓励孩子遵守大家认可的规则和约定。在这里，我要再次强调亲子关系中边界的重要性。简单地说，就是把孩子的事还给孩子，把家长的事还给家长，不是孩子听家长的话，而是大家都要遵守规则和约定，做好自己分内的事情。父母努力工作，取得自己的成功；孩子努力耕耘学业，为将来的腾飞积蓄力量。有了这种底层逻辑，家庭中很多内耗的角力就可能得到解决。

在这里，我想聊聊角色错位的话题。

我相信亲子关系中的很多问题，都是由角色错位造成的。无论是学业助跑还是成长陪伴，父母都要克服两种心态。

第一种心态：把孩子视作父母的附属品。

很多父母会不自觉地混淆自己跟孩子的边界，将孩子视作自己的附属品，认为孩子应该遵从父母的想法，满足父母的期望和要求。"孩子是我的，我有权利替他做决定，我做这些都是为他好，他当然要听我的。"在这种潜意识的影响下，如果孩子没有达到父母的期望，父母对孩子训斥或者表现出失望，似乎就顺理成章了。一旦孩子试图表明自己的需求或做出不同的选择，就要承受来自父母的巨大压力。

诚然，由于孩子的心智还不够成熟，阅历也浅，父母的帮助和引导必不可少。但由于时代变迁和个体差异，父母跟孩子是不完全同步的：视角不同，观念不同，幸福阈值不同。虽然父母的出发点是希望孩子得到快乐和成功，然而孩子在独立走向人生之前，必须先接受和认同自己，否则梦想、自信和安全感都无从谈起，这样的孩子也会缺少追求理想的动力和能量。因此，教育是有一个底层逻辑的，就是父母要让孩子确信他们自己喜欢的、真正想要的东西很重要，他们是被父母尊重、重视和支持的。

如果孩子内心的想法长期被忽视、被否定，负面情绪就会堆积在心里。不断被父母强加意志的孩子，会越来越压抑自己的情绪，其自我意识要么更加强烈，要么默默熄灭。家长也会身陷角色错位的旋涡中，一方面无法自拔、身心俱疲，另一方面又觉得自己劳苦功高，最终导致亲子关系慢慢变得疏远。而父母因为没有站在孩子的视角和立场去思考，往往感受不到这种危机，到了孩子的青春期，矛盾就会更加明显，孩子叛逆、沟通不畅……就会有"我们在等孩子说声谢谢，孩子却希望我们说句对不起"的误解与错位。看到媒体曝光的一些公众场合突发的亲子矛盾事件，如果进行深度探访，相信其中很多矛盾都跟家庭角色错位有关。

孩子刚出生的时候，和父母的边界是模糊的，那时候我们全身心陆伴孩子、保护孩子，但随着孩子渐渐长大，父母就要为对视期过渡做准备了。这时，父母就需要和孩子划分边界，帮助孩子完成自我人格的成长。边界的存在，就会让孩子明白，父母是父母，自己是自己。边界就像一个分水岭，划分开每个人的人生，每个成员在家庭中都有努力进步的义务、获得爱和快乐的权利以及需要自己面对和消化的情绪。在划分边界和被尊重之后，家庭成员之间可以坦诚地相互关爱、倾诉，分享经验，尊重彼此的决定，在需要时毫无保留地相互接纳和帮助，这才是健康的家庭关系。当然，由于孩子年龄尚小，父母通常会给予更多的指导和关怀，但即便如此，仍然需要尊重孩子的感受和意见。

第二种心态：无止境地付出。

在现实中，有些父母为了孩子无止境地付出，有时甚至不问孩子真正的需求，一味地付出。比如，父母为了能让孩子走上一条自己规划好的、顺顺当当的人生之路，付出大量的精力和时间，期望孩子成为自己理想中的模样，代替自己去参与某些竞争。父母放弃了自身的需求和理想，而让孩子背负了父母的人生诉求，这种心理诉求在潜意识中被包装成对孩子的爱。如果孩子未达成父母的愿望或者提出不同想法，他们对孩子的认知就会短暂崩塌，直至认清事实才能回归到正常的亲子关系。从长远来看，父母全身心地投入替孩子规划一切，对孩子而言并不是好事,这样做有两个坏处。

(1)孩子可能会习惯无度索取,成长为一个巨婴,失去独立思考和决断的能力。要知道孩子的独立人格不是一夜之间形成的,如果父母以爱之名,一直剥夺孩子的选择权,就有可能在不远的未来悲伤地感叹:"为何我的孩子这么不独立?""为何我的孩子这么幼稚?"

(2)扼杀孩子的潜力和成长机遇。有时候父母对孩子的了解并不全面,有可能忽视他们真正的潜力,阻碍他们实现真正的梦想。

前段时间看了一个纪录片《你好未来人类》,有一期讲述了一个来自英国的华裔男孩家进的故事。家进是个学霸,就是传说中的"别人家的孩子",他11岁的时候参加英国著名的儿童智力竞技节目《天才儿童》(类似于我们的《最强大脑》)一战成名,被封为"天才儿童"。但是在这部纪录片里,观众感受到的,却是家进的妈妈背后对他可怕的控制。

家进特别喜欢编程,他很想学习与编程相关的课程,但妈妈希望他将来能当医生。即使在镜头前,妈妈也不停地对孩子灌输学医的好处,不遗余力地控制儿子的思想和爱好。片中有一个环节是对孩子进行心理评估,家进的各项测试都很不错,但是紧张度非常高,显而易见,家进的心理压力很大。家进妈妈自己也承认,家进很久前就有焦虑的迹象,很小的时候就开始下意识地咬手指甲。但这种迹象并没有阻止妈妈继续对儿子施压,她对孩子的期待剥夺了家进的选择权,这一行为快要让他窒息了。一个天赋异禀的孩子,本来可以把热爱和天赋结合在一起,却因为母亲不愿意承认和遵守亲子关系中的边界,使得他小小年龄就承受了本不该承受的心理折磨。

一旦家庭中建立了健康明晰的边界，那么父母就会懂得自己的事业、梦想、乐趣和利益也需要维护，对孩子的陪伴和教导，只是自己人生中重要的一部分，而不是全部。同时，父母对自己的人生全力以赴，也是对孩子一种很好的熏陶和教育。当孩子不用承受父母无止境的付出所带来的压力后，他们也会拥有自己做决定的自由和权利。随着孩子慢慢长大，父母就要由"陪伴者"逐渐转为"对视者"，对孩子由教诲转变成建议，由建议转变成支持。因为成长之路的尽头，要对自己的人生负责的，最终是孩子自己。

我们要遵守亲子关系中的边界，避免产生这两种角色错位的偏差心态，做好孩子成长和学业长跑中的守护者，帮助他们找到属于自己的征途。

用创意让孩子养成好习惯

如何让孩子把他律内化成自律，需要家长发挥自己的创意。

他律并不意味着一定要正襟危坐或者耳提面命。父母的管教与引导，完全可以在日常生活中以柔性和有趣的方式体现出来，逐渐内化成孩子自己的认知和习惯。我们都知道，好习惯要从小培养，自律更是如此。对于心智尚不成熟的孩子，我们该如何让他明白自律的好处呢？我们需要让孩子感受到直观的收益和情绪价值，比如成就感。

有一位成功帮孩子考入名校的妈妈说："孩子需要首先养成的是好的习惯，因为好的习惯带来的结果会让孩子有成就感，有了成就感，再去和孩子谈自律的重要性。"这句话其实非常准确地描述了他律和自律的关系。成就感会让孩子得到精神上的满足，同时激发他们的斗志。但是，我们也要明白，成就感并不是在自律的一开始就可以得到的。所以一开始，我们可以用一些小的成果和他律的规则，帮助孩子构建一个培养自律的闭环。

归纳一下，我们可以从以下几方面帮助孩子培养良好的习惯。

（1）学习习惯：课前预习、上课专注、积极思考、勇于提问、课后复习、认真完成作业、细致纠错等。

（2）生活习惯：坚持阅读、不迟到、讲卫生、早睡早起、经常运动、生活自理、分担家务等。

（3）道德习惯：诚实善良、友善助人、懂礼貌、讲信用、公平待人、不暴力等。

（4）情绪习惯：自信自爱、懂得求助、勇于沟通、接受负面情绪、敢于表达自我等。

这几种习惯，一开始可能需要父母通过悉心引导或者以身作则等方式，让孩子慢慢熟悉并融入自己的日常生活和学习中。当孩子遇到困难或者进展不顺时，父母要及时觉察，帮助孩子修正或者强化某些行为。

例如，孩子可能会问，为什么每天要课后复习？如果孩子有这种疑问，父母不妨和孩子温和地探讨，具体可以分三步走：

（1）做一个对比，问问孩子，复习和不复习，第二天上课的感觉是不是明显不一样？是不是感觉复习后更加轻松？因为老师提到的上节课的内容孩子都已复习一遍，一听就能跟上，甚至连随堂小测验的成绩都提高了。由于复习的好处显而易见，因此孩子对课后复习这个学习习惯就会坚持下去。

（2）引导孩子进一步分析边际效应，课后复习花的时间并不多，但收到的效果却非常好。课后复习不仅可以强化一些知识点，还可以解锁一些课堂上未完全掌握的难点。等到下次老师课堂抽查或者小考的时候，就会明显体现出优势。长此以往，孩子在学业上就会打下更扎实的基础。

（3）如果孩子提出作业太多、没时间复习等问题，父母可以提出切实的建议，这里父母就可以发挥创意了。比如，我曾经用过一个办法，跟孩子商量做作业前大约需要10~15分钟用来复习，这段时间可以累加起来作为孩子的红利时间，什么叫红利时间呢？就是可以累积到周末，用来玩游戏的时间。

植入这种需要父母监督和保驾护航的他律后，孩子会随着时间的推移动态成长。随着孩子从这种他律中得到的好处越来越多，收获的成就感越来越多，一段时间后，被植入的他律就会融入孩子的自律闭环中，一个良好的习惯就这样慢慢形成了。

从孩子小学入学到毕业的这段时期，是培养自律的最佳时期，家长要抓住这段黄金期，投入额外的时间和精力，用柔性的他律和建议，帮助孩子将上述四类好习惯内化进孩子幼小的

敲黑板3

警惕亲子角色错位。这里，建议父母学习一点正念教育，以接受孩子的情绪并提供支持为切入点，看见并引导孩子的情绪，以达到很好的沟通效果。同时，把听话变成守约，让孩子遵守行为准则而不是盲目听从，遵守亲子关系中的边界，把各自的角色归还给各自。

心灵，让他们在今后的成长中少走弯路，健康成长。

在这里，我还想分享一个观点——完美和自律是一对"冤家"。想要孩子养成终身受益的好习惯，就需要设定优先级，有选择性地培养，让孩子有限的意志力和专注力都集中在最关键的自律习惯养成上。

专注于最重要的自律习惯，适当"放任"次要的，这并不是放纵孩子。细想一下其实很好理解。即使是成人，也很难在方方面面做到完全自律，更何况是稚嫩的孩子？所以，我们可以专注于其中某些最重要的，而在其他方面给予孩子一定的选择空间。比如，孩子养成了阅读的好习惯，但有时候会忘记收拾书架，我们可以温和提醒，但是短期内没必要把"保持整洁"当成和"坚持阅读"同等优先级的自律习惯加以强化。因为在早期让孩子养成阅读习惯更加重要，而随着孩子年龄的增长和心智的发展，其他的自律习惯会慢慢养成。当然，道德习惯除外，因为它需要我们在这些方面为孩子做出表率，让一些良好的品质深入孩子的内心。

6.4 厨房里的"成人礼"：跟着爸爸学做家务

对视期还有一个重要任务，就是学做家务！

鼓励孩子做力所能及的家务，是被很多教育学家推荐的。

从2022年5月开始,我国中小学教育已经正式将整理与收纳、家庭清洁、烹饪等日常生活劳动纳入学段目标。也就是说,作为一枚合格的祖国花朵,今后必须学会做饭、洗衣、打扫等这些日常生活技能。

为什么说学做家务很重要?留意一下身边,我们其实不难发现,很多家长都深刻地体会到,一个生活自理能力差的孩子,刚走入社会会多么痛苦。不仅孩子自己痛苦,身边的其他人也会痛苦。

有一次我刷到一条微博,有个博主匿名分享了她的经历:"我现在就是天天数着日子,盼着这个借住在我家的男娃赶紧回学校去!"

故事的来龙去脉很简单,博主有一个要好的朋友,为人不错,两人交情挺深。朋友家因为疫情被封控了,高中住校的15岁儿子假期回不了家,朋友心疼孩子,请求博主收留自己的儿子两星期。博主热心地把客房收拾出来让孩子住,结果没几天她就发现,表面看上去白净帅气的孩子,卫生习惯竟让人无法容忍:不丢垃圾,不收拾脏衣服,房间没几天就臭气熏天,没地方下脚。这个孩子除了出房间吃饭,也不跟主人搭话,只是闷在房间打游戏。博主说,她本来一片好意,现在却有苦说不出,假期完全被搅和了,只想赶紧让他离开,和孩子母亲的友谊大概率也从此蒙上了阴影。

其实这种现象不是个例,现在时不时被愤怒的房东曝光的"极品租客",有很多就是因为从小没有养成良好的生活习惯,日积月累才使退租时垃圾成山。这不仅给房东添了麻烦,事情曝光后还会导致自己"社会性死亡"。很多家长觉得孩子只要保证学习成绩就好了，走入社会后再学生活自理能力也来得及。然而，这些家长可曾想过，当生活自理能力成为孩子最刺眼的素质短板时，他需要经受多少挫折和打击才能意识到自己需要改变？他又要花费多少精力去提升自己这方面的技能？更何况，懂得照料自己的生活，不仅仅是为了体面和尊严，更是代表着对生活和时间的掌控，这些同样反映了一个人的真实能力。

训练孩子的生活自理能力其实并不复杂，只需要从孩子小时候做起，将这种训练融入生活中。父母动作慢一点、耐心一点，给孩子的自由度大一点，多鼓励孩子一点，多依赖孩子一点，就这样一点一滴慢慢帮助孩子找到掌控生活的信心和动手的乐趣。

不同年龄段的孩子需要学习的家务劳动难易程度也不一样。幼年时孩子学做家务的目标是学习，认识周边世界和物质特性。而对视期的家务劳动难度要有所提升，因为这一阶段的目标是培养孩子的生活自理能力，所以家务劳动训练需要模块化，即从头到尾学习某件家务劳动的全过程，而不是只参与其中一段。我的心得是，对视期孩子的家务劳动训练，可以从打扫卫生入手，因为这是一项需要精细动作和成果动态监控结合的劳动，还能强化孩子的家庭责任感。

我家的双胞胎儿子一开始对做家务也是兴致不高，因为在香港时家务活主要依赖家里的保姆，后来到了法国没有了家务帮手，于是我开始鼓励孩子们分担家务。之前，我觉得他们做家务还算可以，因为从小就在学校学习过烤蛋糕、榨果汁、做果酱，包括涉及艺术感教育的、比较复杂的物料处理，在老师的带领下揉面团（虽然做出来的面包我们没敢吃，但表扬还是毫不吝惜的）等"工序"。平日里还时不时帮我擦擦楼梯、扔垃圾，虽然表演多于实效，但我已经挺满意了。到了法国以后，我很快发现孩子们做家务太潦草：他们对家务劳动全过程没有任何概念，不懂准备和收尾，做得不好也不会返工，常常是过来搭把手，五分钟后就跑开了。这可不行，"大管家"下决心找个机会把他们训练成有实际产值输出的"小劳动者"。这一天，机会终于来了。

那天我回家有点晚，到家时发现家里散发着烘焙的香气。爸爸小马得意地说："我教孩子们做了个苹果派……"我还没来得及夸，心里忽然升起不祥的预感。要知道小马做饭"排场"很大，但极不爱收拾，如果再带着两个娃，三双充满情怀和创意的手，能给我造出"车祸现场"来。

一进厨房我就看见天花板上，没错！就是天花板上，甩着一大团颜色可疑的糨糊。小马说，那是新鲜的苹果酱，因为在二次搅拌馅料的时候，搅拌机盖子没盖严所以甩到了天花板上。至于是谁的失误，儿子们说是爸爸，爸爸说是儿子们，至今还是"悬案"。不过，看小马一脸坏笑，我十分怀疑就是他干的。地板走上去沙沙作响，应该是白砂糖，想到这儿我恨不得马上拿吸尘器来打扫，一分钟都不能忍。能用的碗碟容器都占用了，洗碗机里也塞满了，操作台还堆得一塌糊涂……

亲爱的读者朋友们，这种时刻我应该怎么做呢？翻脸骂人？肯定不行啊！毕竟他们"分赃"以后还贴心地给我留了一块苹果派呢，吃人嘴软啊！我也知道孩子不会打扫，小马打扫更毛糙，所以平时都是我默默收拾"战场"。今天趁他们兴致很高，我决定改变现状，于是把刚拿起的吸尘器放下，笑嘻

> **敲黑板4**
>
> 比起喜欢追求完美的母亲,心大且逻辑性强的父亲,是孩子做家务启蒙的更佳人选。因为刚开始学习做家务的时候,完整的流程控制比细节完善更重要。不论是父亲还是母亲,跟孩子一起做家务的人都要以鼓励、表扬为主,斥责和苛求会让孩子对做家务产生反感和恐惧。

嘻地对孩子们说:"好香!你们会做苹果派啦?"托马斯比较老实,说:"是爸爸做的,我们帮忙搅苹果酱和筛面粉……"(难怪还有面粉撒了半边桌子。)

我说:"这是妈妈最爱吃的派呀!不过要是等我打扫完厨房再吃,派就凉了不好吃了,怎么办?"

托马斯说:"你去吃吧!我会扫地,我来扫地!"

真是小甜心,要的就是这句话!于是,我给了托马斯一个扫帚,又叫来阿莱克斯给他一块新抹布,让他们一个扫地,一个擦桌子,我迅速把厨房检查了一遍,确保锋利和易碎的都已塞进洗碗机,然后高高兴兴地去吃派了。

没过几分钟,孩子们就喊做好了。我去看了看,果不其然,地上和桌子都成了"大花脸"。我说:"哇!速度真快!不过妈妈平时都是扫两遍,擦两遍。来,妈妈教你们,阿莱克斯把抹布洗一下,托马斯把扫帚拿到花园去抖抖灰,回来再来一次就好了!"

阿莱克斯有点不耐烦了:"可是我都擦干净了呢!"(儿子你眼神不好,这大花脸的桌子让妈妈的强迫症都快犯了。)

托马斯也开始撒娇:"扫地比擦桌子累,我还扫了桌子底下呢!"

我说:"是呀,打扫厨房很辛苦,每次烤完蛋糕妈妈都要这样打扫!不然容易招蚂蚁,真的好累!你们现在是大孩子了,知道帮妈妈打扫了,真贴心!"

小哥俩被我一顿夸,马上不好意思了。我趁机出了个主意:"不如你们互换一下,托马斯擦桌子,阿莱克斯扫地,如何?"

孩子们欣然接受了我的提议,交换任务,又重新做了一遍。过了一会儿,我再次验收,地板上的"大花脸"变成了"小花脸",但是今天的训练已经足够了,我表示感谢后拥抱了小哥俩,奖励他们一人一个冰激凌。至于剩余的厨房清洁任务,义不容辞落在了苹果派"项目经理"小马的肩上。虽然男人做清洁也就是意思意思,第二天我还得重新返工,但那天晚上我一身轻松。至今我家的家务劳动训练还在逐步深化,只要清洁时间到了,孩子们就打扫自己的房间,还会帮忙收集花园

敲黑板5

在训练孩子做家务的初期,目标一定是重在参与,而不是苛求完美;中期可以要求孩子努力达到基本标准即可。随着时间的推移和孩子的成长,孩子的家务劳动会越做越好。另外,孩子学做家务要以保护兴趣为主。一旦孩子习惯了做家务,就有助于形成生活掌控力和项目管理思维。这才是孩子做家务所带来的最大红利。

里的枯枝和杂草。用孩子外婆的话说就是："呦！这俩娃能顶半个大人用啦！"

虽然那天他们把可怜的厨房变成了"车祸现场"，但是爸爸带孩子下厨或者做家务，对孩子来说是一种非常好的体验。一般来说，家庭里的女主人通常对家务要求较高。如果一开始孩子做家务的成果无法达到这种较高的标准，就很容易产生挫败感或逃避情绪。另外，妈妈心疼孩子，常常忍不住包办，但这种现象在爸爸主导的家务劳动中不多见。爸爸可能不太注重细节，只要求完成基本任务，所以爸爸教孩子做家务更容易上手。学习做家务时，我们要多鼓励孩子动手，做得不好也没关系。所以，有儿女的家庭，一定要多让爸爸跟孩子共处，将家务中重视逻辑的任务流程植入孩子的意识，帮他们建立对做家务的认同和信心。等任务流程大致固化后，再具体优化细节和质量。在此过程中，妈妈可以少介入，以观察鼓励为主，千万不要因为孩子没做好，就吹毛求疵或者大包大揽，早早扼杀培养他们生活自理能力的机会。

做家务也像升级打怪，不能让孩子只图个新鲜，浅尝辄止。除了学会基本的生活技能，还要鼓励他们懂得"打扫战场"，做事不忘收尾，这是孩子成长中要学习的很重要的一课，更有助于培养他们对未来独立生活的控制能力。

第 7 章

野蛮生长期：用正念把控糟糕的情绪（9~13岁）

每个孩子在成长中都免不了要和情绪较劲。英语里有一个词组——Terrible two，中文意思是"糟糕的两岁"，描述的是2岁左右的孩子开始情绪化，让父母头疼。而且头疼的父母们很快会发现，"Terrible two"并不表示"2岁一过就不糟糕了"，它只是开了一个头！因为前方还有糟糕的3岁、4岁、5岁……一直到青春期，孩子的情绪是说来就来，古怪汹涌。成长中遇到的失落、不解、愤怒……常常让孩子困在强烈的两极思维里，他们不管明天有没有考试，家里是不是有客人在，老妈是不是刚下班很疲惫，交警是否在对老爸的车招手……情绪上来的孩子，要么一张臭脸摆一天，要么连珠炮一样地抱怨。而当父母试图询问和劝解时，得到的却是"别说了！""你不懂！""烦死了！"

　　遭遇孩子的坏情绪，对父母自身的情绪来说也是一种打击，本就暴躁的父母则更加无法给予孩子积极的帮助。这种情况下，如何管理我们自己的情绪？如何有效地帮孩子打破负面情绪的闭环呢？办法有很多，首先试着跳出一家人熟悉但有点疲劳的、旧有的沟通方式。我想跟大家探讨一种基于正念思维的沟通方式，很难描述其具体形式，但它在"佛系"的法国家庭里是一种较常见的沟通方式，我们姑且称它为"正念沟通"吧！

7.1 用正念治愈自己，用乐观抵制霸凌

可能大家听说过一句法国谚语"C'est la vie"，中文意思是"这就是生活"。我曾以为这句话是提醒人们珍惜生活中的美好。后来熟悉了法国才知道，这句话跟文艺没多大关系，而是法国人用来安慰别人或者自己的话。车子被蹭了、失恋了、工作不顺心，甚至亲人去世了，人们都会叹口气，轻轻地说一句："C'est la vie！"爱说这句话的法国人，并不是"躺平族"，而是拥有着从挫折中恢复并且重新面对生活的一种积极心态。这句话与其说是安慰，不如说是接受。我觉得，这句话很能体现法国文化里的正念精神。有一次，这句话真的帮到了我。

有一段时间，接孩子们放学回家路上我又开始发怵了。原因是哥哥阿莱克斯那段时间重启了他的"放学吐槽大会"，主题只有一个——"我糟糕可怕的一天"。他频频提起一个同班同学的名字——雨果，那段时间阿莱克斯对他意见很大。一开始我没在意，后来一连几天阿莱克斯放学后情绪都很差，我就不得不重视起来了。

了解小男孩之间的恩怨就像做拼图游戏，只能从只言片语中拼凑。每天都会有一些小事引发不快，有时雨果走路故意撞

他，阿莱克斯蹭破了膝盖，雨果没道歉，还责怪阿莱克斯挡了他的路；还有一次，雨果无缘无故对阿莱克斯说脏话，阿莱克斯说他当时就骂了回去（我听得不禁无语），结果两个人一起被老师点名警告，那天的BonPoint（一种类似小红花的奖励卡片）阿莱克斯就没拿到；还有一次，雨果的书掉地上了，却冤枉是阿莱克斯碰掉的，两人又大吵了一架……总之，就是"嘴仗天天有，推搡三六九"。我觉得，孩子之间偶发矛盾，今天闹红脸明天就忘了，一般不足为虑。可持续性地出现负面情绪，就要怀疑孩子是不是遇到了霸凌。现在这种情况，阿莱克斯每天都气鼓鼓的，我不能再淡化处理了。

霸凌并不只有身体冲突，有时候持续对他人发泄负面情绪，导致他人情绪持续恶化的行为，也是霸凌。但这种霸凌是隐形的，因为行为上的打压或语言上的指责只发生在两个人之间，不造成激烈冲突，所以老师也很难觉察和干预。在校园暴力被严厉禁止的今天，这种隐形霸凌仍有不少。这还真有点棘手，梳理了一下这件事的轮廓，我猜测雨果大概是个负能量比较多的孩子，习惯把不好的情绪发泄到别人身上。而至于他为什么总跟阿莱克斯过不去，我也毫无头绪。

我问阿莱克斯："你以前激怒过雨果吗？"阿莱克斯肯定地说："没有！"作为家长，我不在场也不确定，但是阿莱克斯那段时间攒小红花卡片都攒红眼了，凡是能加分的事他都乐此不疲，我相信他不会轻易违规或惹事。我委婉地说："要不你跟老师反映一下？"阿莱克斯说他找过老师一次，老师找雨果询问，雨果却装糊涂不承认，老师不知道应该信谁，只泛泛地警告了事，事后雨果照旧处处找碴儿。

阿莱克斯是个耿直的小男孩，他不像弟弟托马斯那样淡定健忘，而是有什么委屈一定要发泄出来，不然会难受很长时间。阿莱克斯明白在校园里吵架打架是严重的违纪行为，会失去小红花，所以面对别人的挑衅，他很克制。而出了校园，一肚子委屈全部化作抱怨和愤怒，一股脑儿地向我倾诉，那段时间我就成了他的"树洞"。有时候弟弟托马斯也想跟我说说他的一天，都插不上嘴，弄得我也有点烦躁。

有一天放学路上，阿莱克斯又说："我真想像在游戏里一样，用我的钻石剑把那个雨果击败！他就能安生了！"

我牵着阿莱克斯的小手，边走边跟他说："可是我们处在现实世界里，靠暴力不能解决问题。宝贝！来！跟我念一句话：C'est la vie！"

阿莱克斯："C'est la vie？"

"对！这就是生活！生活中我们常常会遇到一些不合理的事，虽毫无道理却发生了。你觉得很困惑，对不对？"

阿莱克斯："嗯！我不明白他为什么总是找我麻烦！我明明什么都没做！"

"宝贝，你的想法很对！当别人让妈妈不舒服的时候，我也会问，为什么是我？然后看看是不是自己做错了什么？如果你全部想过了，并没有做什么对不起他的事，那就是他自己的问题了，你就不要再烦闷和生气啦！再告诉你一个秘密吧，我们对待别人的样子，其实就是别人对待我们的样子。这个雨果同学总是挑剔别人，我们来帮他分析分析！"

"想象一下，妈妈就是雨果，雨果来看心理医生了，而你就是那个心理医生！"

说到这里，我准备表演一段了。没办法，在孩子语言学习期我练就了这手绝活儿，随时随地演一段对我来说就是信手拈来。

我开始假扮雨果，奶声奶气地说："医生，医生！我今天又跟同学吵架了！"

被迫营业的"医生"阿莱克斯有点懵："那……那你为什么吵架呢？"

"因为我心情坏透了！今天早上爸爸又训我了！他数落了我一大堆，也不听我解释，非说都是我的错！其实不全是我的错，明明弟弟也有错，爸爸却只骂我！我好生气，又不敢跟爸爸顶嘴，他对我好凶！所以我就在学校里跟同学吵了一架！"

我发挥想象一顿胡诌后回头一看，弟弟托马斯像看戏一样兴致勃勃地瞅着我俩，显然已经习惯了妈妈这样一秒入戏。而阿莱克斯好像被我这一通信息量巨大的表演吓住了，愣在那里。

我推推他："医生，医生！你说我该怎么办？"

"医生"阿莱克斯（继续被迫营业）："嗯……那你去向同学道歉吧！"

一不做二不休，我继续演雨果："我才不道歉呢！天天在家都是我道歉，爸爸从来都不向我道歉，他永远都是对的。我为什么要给同学道歉？我也不道歉！只要我比他凶，我就没错！"

演技欠佳的阿莱克斯憋不住了："妈妈！雨果的爸爸真的会骂他吗？真的很凶吗？"阿莱克斯充满疑惑，似乎又开始同情雨果了。我成功地转移了他的注意力，他好像不太生气了。

"这个嘛，我们就不知道了，妈妈只是打个比方。我猜呀，雨果身边可能有一个人对他不好，所以他才不快乐，才控制不住自己，喜欢攻击别人。"我继续启发阿莱克斯，"而你每天有那么多开心的事，你比他幸运多了。这么想想，妈妈都有点同情他了呢！"

阿莱克斯罕见地没接话，似乎在思考。

我趁热打铁问道："要不我问你，你会像雨果这样无缘无故去惹别的同学吗？"

阿莱克斯连连摇头："不会不会，我才不会这样做呢！"

"对呀！你当然不会。"我说，"因为在家里我们都是好好说话，好好爱彼此的。随便出言不逊、指责别人，是很伤人的，对不对？爸爸妈妈不会这样，你们就更不会了！"

阿莱克斯似懂非懂地点了点头。我的表演和开解总算有了点效果，晚上阿莱克斯的情绪好了很多。我知道，这样编故事可能有点对不起小雨果，他要是知道我们用这样的方式"编排"他，不知会怎么想，但为了排解阿莱克斯的愁闷，也顾不上那么多了。我心想，反正雨果也不知道。

语言霸凌对孩子的影响很深远，而且很难予以干预。就算家长出面，兴师动众地求助老师，最后大概率也是双方各执一词、不了了之。我更倾向于用共情的方式支持和启发孩子，帮他接受现实和自己的情绪，看到另一面的故事。

这是一种正念思维，帮助孩子接受现实，不再纠结于猜测原因，而是正视和接受自己的愤怒和不解，感受情绪的流动。只有让情绪流动起来，孩子的内心情绪才有机会得到排解并做出改变，孩子才能释放坏心情，让自己感觉好起来。

阿莱克斯心情好多了，我以为这件事平息了，没想到还有后续。

有一天放学我去学校接孩子们,阿莱克斯忽然拉住我说:"妈妈,你看,那就是雨果!"我望过去,果然看到站在不远处的那个男孩。阿莱克斯拉着我,非要过去找雨果。我以为两人已经和好了,阿莱克斯想去打招呼。没想到,阿莱克斯拉我过去后,对着雨果用法语说了下面一大段话,听得我满脸尴尬。

"雨果,我原谅你了。我其实可以打败你,但是我知道,你受到了你爸爸的责骂,你肯定也很害怕吧!我就不用害怕,我每天放学都可以吃一个纸杯蛋糕,我周末做完作业还可以玩游戏,我爸爸从来不骂我,他玩足球世界,他游戏打得棒极了!我昨天又收服了一个稀有的宝可梦,你以为你能毁灭我?并不能,你很弱!再见!"

阿莱克斯一股脑儿说完,已涨红了脸,似乎是鼓足了勇气才说出来的,说完他转身就走了,留下一脸懵的雨果和我(对,我被无情地丢下了)。雨果身后还有一位上了年纪的女士,不像是雨果的妈妈,可能是雨果的外婆或奶奶,我们三个面上都是显而易见的尴尬或疑惑。我暗自庆幸,还好阿莱克斯没说是我说的,好歹没彻底出卖我。那位女士耸耸肩问我:"这孩子说的是什么意思?我不太明白。"

我说:"我也不懂,大概是孩子们之间的事吧!哈哈!再见!祝您愉快!"

说完,我落荒而逃。

回家路上,我问阿莱克斯为什么说那些话,阿莱克斯说不为什么,就是想说。看得出他心情不错,我就没再追问。后来我忽然明白了，阿莱克斯肯定是对这件事想了很久，他知道我的原则是父母尽量不介入孩子的事，所以他就决定自己反击。那些话阿莱克斯可能早就想说了，最后还是拉上了我给他"撑腰"，这也很正常，他毕竟是个孩子，内心需要支持。奇妙的是，那天以后阿莱克斯放学又恢复了正常状态，不再提起雨果了。

至今想起那天的情景，我还有点感动。我认为阿莱克斯很有勇气，虽然事先没告诉我，但是他用行动清楚地表明了他需要我，即使我不知情，他也相信我一定会做他的后盾。那几句听上去没头没脑的话，其实就是阿莱克斯的宣言："我跟你不一样，我不怕你，我也不会因为你而不快乐。"旁人听不懂，但是雨果应该听懂了。我相信，这段小纷争后来应该平息了。

如何帮助孩子抵制霸凌？我觉得发生在我身边的这个小插曲可以对我们家长有一点启迪。校园霸凌是一种常见又棘手的问题，现在各教育机构都对校园暴力严抓严打，但对于非肢体冲突的校园霸凌，因为事件主客体众多，缘由和关系复杂，很难把控，反而成了现在很多学生家庭的痛点。校园霸凌危害深远，会导致学生学业滑坡、产生心理问题和社交障碍等。作为家长，平日里不但要关心孩子的学业，还要多关注孩子的情绪和心理状况，万一孩子遇见类似被霸凌的情况，一定要及时给予引导和支持。我有如下几条建议。

多关注孩子的情绪，及时发现苗头

平日里多关注孩子的情绪变化，一旦发现孩子性情大变或者举止反常，一定要耐心安抚和沟通，找出问题所在，及时给予支持和疏导。不同的孩子，遭遇霸凌后的反应也不同，有的变得沉默内向，有的变得暴躁易怒，有的成绩出现滑坡，有的变得言行反常，总之父母一定要及时发现苗头，深入了解原因，做好对孩子身心健康的监控与守护。从某种意义上说，这种心理层面的守护跟守护"学业长征"一样重要。

一些孩子在学生时代受到霸凌，而由于家人忽视或者没有及时介入，导致了永久性的心理创伤，这会对孩子今后的就业、社交乃至婚姻产生负面影响。我们在网络上看到有人发帖，痛诉校园霸凌对自己造成的创伤，以及因为家人无知或忽视而造成的次生创伤。有人即使后来学业有成、事业美满，依然无法感受到真正的幸福和安全，就是因为心理创伤没有得到及时治疗而造成了遗憾，让人扼腕叹息。

一旦发现被霸凌的迹象，要想方设法了解详情，做出客观评估

我们需要怀着客观的态度，对霸凌的状况做出评估，以决定对策。

对霸凌概念和范围的界定是十分明显的。一切学生之间的由于力量不平等而导致的攻击性行为，都可以归类为霸凌行为，其关键词是"不平等"。比如本节案例中的阿莱克斯与同学雨果之间持续的不愉快，由于每次都是雨果主动挑衅而且占上风，对阿莱克斯造成了单方面的心理压力和困扰，虽然没有带来实质性的身体伤害，但这种行为也是霸凌，只不过程度稍轻。而有时候，严格地说孩子并没有被霸凌，但是却存在校园社交困境或沟通冲突，对于这种情况我们也要重视起来，因为对孩子来

说，社交环境是他们心理安全感和归属感的主要来源。

对于已经使孩子产生严重身心伤害的中度甚至重度霸凌，我们要尽快进行心理治疗并求助职能部门或学校；对于造成心理困扰的轻度霸凌，我们可以结合实际情况，对孩子进行心理疏导，同时鼓励孩子自己找到解决方案，家长则给予全方位支持和辅助；对于社交困境，一般孩子都需要一些时间来缓解，家长不要急于求成，可以细心观察，多和孩子聊天沟通，掌握情况，给予支持。大多数时候，社交困境会随着时间的推移渐渐缓解，但如果孩子长期感到困扰，行为反常，可能需要考虑心理介入了。

无论是哪种情况，家长的态度都很重要。家长切不可表现出愤怒、恐惧、慌乱、无助等过激情绪，这些会影响到孩子的情绪，适得其反。家长首先要有冷静、客观、积极的态度，站在孩子这一边，接纳并支持孩子，耐心了解事件经过，就事论事，和孩子讨论并找到解决方法，同时避免对孩子责备、埋怨或者施压。如果发现在这个事件中，孩子也有过错，则更要真诚地接纳并疏解孩子的情绪，鼓励孩子承担责任，纠正错误，同时勇敢主张自己应得的权利。

对孩子来说，应对霸凌也是一种历练，家长不必全权代理

我们都痛恨霸凌，希望孩子身心健康，快乐成长。可惜我们不是生活在真空里，所以孩子在校园里遇见的社交不公、失落、挑战，其实今后到社会上也可能会遇见。所以在支持孩子的前提下，我们也要鼓励孩子拿出一点自我掌控力，最好不

要全推给父母处理，要对自己负责，该沟通就沟通，该求助就求助，发挥自己的能力应对霸凌或社交困境，这种经验将成为一生的财富。事实上，由于校园里实施霸凌的主体也是孩子，在正常情况下，孩子之间的交流是可控、可约束的，因为还有学校规章制度的监督，所以只要没有危害到孩子的人身安全，家长可以先以观察为主，做孩子坚强的后盾，鼓励孩子自己去沟通。

家长在孩子遇到霸凌问题的初期要给予孩子心理上的疏导和支持，多多关心，密切观察，如果发现孩子受到的困扰和伤害持续甚至加重，那么一定要与学校沟通，及时控制事态，进行介入和干预。

应对霸凌的撒手锏不是惩罚对方，而是乐观自爱

霸凌之所以令人厌恶，就是因为它是一种一方用不对等的力量或资源碾压和欺负另一方的现象，因此它对被霸凌者造成

敲黑板1

发现孩子情绪反常，家长要及时关心，积极了解原因。校园霸凌是孩子情绪的一大杀手，家长一定要在这个问题上保持警觉。最重要的是站在孩子这边，给予无条件的接纳和支持，并且让孩子明白被霸凌不是受害者的错，鼓励孩子勇敢还击和维护自身正当权益。必要时求助学校或职能部门。如果是非人身伤害的社交困境或言语霸凌，家长需要严密观察，但是可以适当鼓励孩子自己找出解决方案，家长做好后方支持。

的心理伤害也最严重。被霸凌的孩子,容易对自己产生怀疑,积压负面情绪,丧失信心,甚至封闭自我等,这一切都会降低孩子的幸福感,失去人生之光。

所以,作为孩子的监护人和守护者,家长一旦觉察到霸凌的苗头,就应及时出手,制止那些"偷走"孩子快乐的负面行为。

我们要用快乐来治愈霸凌造成的伤害,从心理上给予孩子强大支持,让他们相信,霸凌的发生是霸凌者的过错,不是受害者的耻辱。而快乐是每个人都有的权利,霸凌者通过各种借口和手段想要阻止他人快乐的行为是可耻的,是应该被勇敢拒绝的,更是可以被拒绝的。快乐是一种自主选择,可以通过很多途径达到,比如父母无条件的支持和爱,比如通过努力得到的奖励和成就,这些都是我们应得的快乐,无人能夺走。只要我们心向阳光,乐观自爱,始终对自己抱有信心,霸凌就不会得逞。

7.2 叛逆期的尽头是父母与孩子和解

当孩子进入野蛮生长期后,父母跟孩子的矛盾也会更多地显现出来。孩子到了青春期前后,就到了心理断奶期,这段时间也是最具挑战性的,不光是对孩子,也是对父母。因为很多时候,我们知道怎么爱孩子,却不知道怎么处理孩子对我们的叛逆和拒绝。

儿童心理学家告诉我们,孩子成长过程中有三个叛逆期。

第一个叛逆期是在2~3岁,叫"幼儿叛逆期"。孩子出于好奇而对爸妈说"不",开始发现另一种可能性,探索世界,寻找更多乐趣。比如,孩子反复把妈妈递给自己的一个玩具扔在地上。

第二个叛逆期是在6~8岁,叫"儿童叛逆期"。孩子接触的世界逐渐变大,自我意识开始觉醒,在构筑自己的小世界和安全感中因为自己的体验不同而说"不"。比如,拒绝回家想继续玩、拒绝穿外套等。

第三个叛逆期是在12~18岁,叫"青春叛逆期"。青春叛逆期是一条通向最终成长的单行道,在这段时期孩子和父母的矛盾也是最多、最深的。但这个时期对孩子而言也是最重要的一场博弈。

很多从事教育的人都知道一句名言:"每个孩子和父母之间都注定要有一场战争。如果孩子赢了,是喜剧;如果父母赢了,是悲剧。"这句话其实划分了父母和孩子之间的边界。不妨问问自己,孩子对父母说"不",完全是坏事吗?父母能不能换个角度看看孩子的拒绝和反抗?我们教育孩子的目的,就是有一天,孩子可以自信地对我们说"不",然后用事实证明,他们终于成了有眼界、有主见的人。在青春叛逆期的尽头,我们最终需要与孩子和解,并且坦然承认我们与孩子之间的这条边界。

在法国家庭,孩子从很小时候起就有权利对父母说"不",但需要充分的理由和清晰的责任界定。就像我在"学业江湖"那一节中提到的,孩子即将小升初的时候,我想"鸡娃",结果被孩子"劝退"的故事，这就是个典型的例子。要说明的是，我家孩子们相互帮助学习的形式至今仍保持着，不过他们决定独立做作业和复习，理由很充分，他们觉得这样压力小一点，而且效率更高。经过一段时间观察，我们认为可行，于是就固定下来了。如果经过一段时间独立学习，效果不佳或者孩子的自律性不够，父母当然需要及时介入，与孩子讨论并提出新的方案。

我认为，家庭亲子关系好坏的关键，不在于孩子是否对父母完全服从，也不在于父母是否有先进的教育理念，而在于父母和孩子之间是否有良好的沟通。那么，什么样的沟通算是良好的沟通呢？有以下五个标准。

（1）氛围良好。父母跟孩子沟通时，应使双方都不会明显感到不快或者带有其他负面情绪，交流过程中每个人的心声都得到充分倾听，每个人都有权利提出不同意见，且大家有良好讨论或互动。

（2）结果一致。经过讨论或考虑，沟通结果是可商议的，并且最终的决定要经过双方真正的同意和支持，至少应是暂时性的同意，并保证没有任何一方有被强迫或者被忽视的感觉。

（3）信息有效。沟通期间，双方尤其是孩子一方能获得对自己有帮助的信息或灵感，确保沟通不是老调重弹，而是有建设性、有帮助、有收获的谈话。

（4）情绪正向。这次沟通能产生额外的情绪价值，也就是会让双方产生更多的亲近感、安全感或幸福感。

（5）谈话完整。谈话的发起和结束都没有阻碍，交谈时没有人因为情绪失控或者强烈不满而退出，谈话能够正常进行甚至愉快地推进直到结束。

以上五个标准，每个标准完全符合得1分，部分符合得0.5分，完全不符合不得分。大家不妨按照这些标准给自己跟孩子的日常沟通简单地打一下分。

4~5分：亲子沟通比较高效，请继续保持；

1.5~3.5分：亲子沟通尚可，但仍有可提升的空间；

0~1分：亲子沟通不畅，问题比较严重，请积极改善，打破沟通僵局。

如果你发现自己平日里的沟通有可提升的空间，可以参照本书第6.1节的内容，给家庭的亲子沟通升级提效。

有了良好的沟通，我们就不用怕孩子对我们说"不"。不仅不怕，我们还应积极引导，教会孩子提高情商，既能表达自己的意愿，又不做"小杠精"。

学会坚定而得体地拒绝别人，是孩子未来一项很重要的社交技能。想必大家都在工作或生活中遇到过沟通欠佳的人，轻则把天"聊死"，重则发生口角甚至大打出手，有时候明明是一件小事，却因为沟通不当、不善言辞而引发矛盾。然而，如果为了避免矛盾，就压抑自己的真实想法，不会拒绝，同样也会产生问题。想要在两者之间找到平衡点，就需要一些沟通技巧和表达能力。我们可以利用孩子的青春叛逆期，帮助他们完成这方面的学习。

学会判断：去芜存菁，做出客观判断和明智选择

这里要提到"批判性思维"（Critical thinking）训练，这是西方学术界的一种科学思维模式，也是一种思维工具。美国伊

利诺伊大学教授罗伯特·恩尼斯，是美国批判性思维运动的权威，他对批判性思维的定义是"针对相信什么或做什么的决定而进行的理性的反省思维"。

概括地说，批判性思维能帮助我们根据需求过滤和筛选庞杂的信息，并根据辩证的严密逻辑得出不偏颇的结论，用于决策和实践。

在实际生活中，我们只需要用几个连贯的问题，便可引导孩子梳理信息并得出客观的结论，从而为自己的拒绝提供依据和底气。具体在生活中如何应用，请参见本书第8.1节的相关内容。

学会措辞：坚定温和地拒绝，同时阐明理由和观点

提出异议时需要注意语气、态度和措辞，懂得照顾被拒绝者的感受，这是一种起码的社交礼仪。当然，还需要给出理由，来支持自己的拒绝。经过讨论，如果父母觉得理由充分，会做出合理回应。当然，这一过程最好是双向和对等的，父母在拒绝孩子的要求时，也应该给出自己的理由和建议。家庭内部的沟通应该允许争论，但一定要开诚布公、态度诚恳，且对事不对人。

在我家，我为孩子们定了一个规矩：如果对父母的安排有什么想法，可以随时向我们提出来。但是一定要附加三个理由，只有理由充分，才能说服我们改变原有计划。这个规定看似微不足道，却很好地锻炼了孩子们的口才和思维能力。比如，有一天，阿莱克斯跟我说，这个星期三他不想去上美术课，我问为什么，他马上洋洋洒洒给了我四个理由。

（1）上周布置的美术课作业他已经提前完成了，今天去画

室会很无聊。(手快且毛糙是阿莱克斯一贯的画画风格。)

(2)他跟好朋友约好要做一个游戏任务。(我瞬间反应过来,这个才是关键理由。)

(3)有点累,想休息一周。(这个理由有点……好吧,也算吧!)

(4)昨天感冒了,不想去公众场合。

听到这几个充分且合理的理由,我很难拒绝,于是允许他向老师请假,那周的美术课暂停一次。阿莱克斯的请假申请就这样顺利通过了。你们看,让孩子学会说"不",想"逃"一次兴趣班也没那么容易,他们需要深思熟虑,做一次微型的"项目提案"。这样是不是比消极怠工、找借口,最后耍赖不去上课要更加有效且愉快呢?

懂得变通:如果发现判断失误,就要有勇气改正

我们生活在一个充满变数的世界,孩子毕竟心智尚不成熟,如果他判断失误,拒绝了本应该接受的事物而导致了错

敲黑板2

> 在对视期,父母可能要面对孩子的叛逆或转型。当孩子对父母的权威提出异议时,我建议父母换一种思路,与其忽视或压制孩子的自我意识,不如主动改变与孩子的相处模式,由领导和服从变成引导建议和平等对视,用科学的逻辑和方法,教会孩子如何合理拒绝并为自己的观点提供支持,不能为了拒绝而拒绝,也不能因不敢拒绝而讨好别人。

误，就要积极纠正。这不仅是一次重要的成长经历，也是对自己的一种深层次的接纳。鼓励孩子勇敢拒绝别人，同时科学地做出判断，既不能为了拒绝而拒绝，更不要因虚荣或骄傲而坚持自己不合理的主张。在客观情况或者主观心态发生变化时，应该敢于调整自己的决定。

作为父母，如果想帮助孩子养成审视自己错误的好习惯，就要避免对孩子的错误反应过激。只有不论错误与否，都能得到父母接纳和理解的孩子，才不会害怕犯错误，也才能积极地从自己的错误中成长和进步。

总之，当孩子渐渐进入跟父母平等的对视期时，我们惯常的陪伴方式，也要适时地做出调整，用对视和欣赏的方法去跟孩子相处。孩子的自主觉醒，从说"不"开始。我们不但要接受孩子说"不"，更要积极引导他们客观地说、诚实地说，发现自己判断有误时要有勇气承认和改变，向真理靠近。

7.3 在对视转型期，父母该怎样跟孩子沟通？

随着孩子的成长，我们不可避免地要面对孩子渐渐独立、与父母"渐行渐远"的情况，这其实是现代社会亲子关系的发展常态。但为人父母者多少都会感到不舍与无奈，难道孩子长大了，亲子关系就注定要日渐淡漠，父母的话在孩子心里就不再有分量了吗？

当然不是。虽然亲子关系随着时间的推移是动态变化的，但父母对孩子无条件的信任和支持，永远都是孩子行走人生的底气。为了让这种依托与支持牢靠而温暖，我们更应该时时审视我们跟孩子之间的沟通，是否适应形势，是否依然有效。只有这样，我们才能继续在孩子的世界里发挥更积极的作用。

我总结了下面三点。

淡化"讲道理"，试试"动机转换法"

10岁左右，孩子即将进入青春期，其自我意识开始进一步觉醒，这个阶段的孩子开始试探原有的规则边界和父母的保护屏障，之前我们给孩子制定的很多条条框框都会被质疑。

如果说之前父母对孩子的谆谆教诲，孩子都能牢记在心，那么在这个阶段，孩子大概率会对那些道理表现出轻视或怀疑。当然，每个孩子在这一点上的表现是不同的，有的孩子质疑父母决定的年龄会大大提前。比如我家那两个，不知从何时起，哥儿俩的"反叛声"渐起，他们平日习惯的正念—边界—舒适系统屡屡受到挑战。有段时间，就连早餐桌上给他们酸奶，他们都要问为什么要喝酸奶，为什么不可以像其他同学一样喝芬达或者可乐。

这种场景想必大家也曾遇到过吧！孩子明明心智尚未成熟，却开始"油盐不进"、质疑规则。这一时期，为了继续正向引导孩子，使其不至于走偏，我们所能做的就是发挥创意，换一种沟通方式，比如使用动机转换法。

比如那天早上，还有半小时就上学迟到了，吃早饭的哥儿俩居然在"作死"的边缘试探,要求把酸奶换成可乐。我深吸一口气,没有说出类似"可乐喝多了会牙疼""酸奶富含益生菌""你们别找事,快去上学"等话。那样的结果很可能是,两人被训后闷闷不乐地去上学,下次吃早饭时又开始琢磨把酸奶换成芬达。

我说:"阿莱克斯,你还记不记得我们在香港的时候,有次你胃里不舒服,我抱着你去医院,还没走两步你就吐了妈妈一身的事?"

阿莱克斯立刻不好意思地笑了起来。他当然记得,那时候他6岁,虽然已经过去两年了,但依然印象深刻。那天是一个小朋友的生日会,我家保姆带他们去的。后来我才知道,阿莱克斯偷偷喝了一大罐冰可乐,又胡吃海塞了一堆薯片、蛋糕,反正就是放飞自我了。结果晚上回来,他的胃承受不住,"罢工"了。我至今还记得把他抱在怀里,他一张嘴,那一股混着奶油的可乐迎面扑来的酸爽。

阿莱克斯从座位上跑过来抱住我说:"妈妈,对不起……"

我说:"为什么说对不起啊?妈妈一点都不介意你吐我身上,妈妈在意的是,那次你多可怜啊!整整两天都没食欲,喝水都说是苦的,妈妈可忘不了!好心疼,好心疼啊!"

阿莱克斯把我抱得紧紧的,说道:"妈妈,我爱你!"

我也搂住他说:"可乐、芬达这类碳酸饮料,跟你们的胃不对付,所以要少喝。也不是完全不能喝,偶尔可以喝一点儿。但早餐是一天里第一份吃进肚子的食物,还是酸奶更友好!你说是不是?"

阿莱克斯点点头,托马斯也被感染了,过来加入了我们的拥抱，从那以后再也没人对早餐桌上的酸奶提出过异议。

这就是动机转换法，具体说来很简单，就是在要求上附加情绪价值。我们希望孩子做某件事，并不是为了证明我们是对的、孩子是错的，而是要让孩子知道这么做会有好事发生，父母也为此高兴。同样，我们不让孩子做某件事，更不是为了证明孩子是错的，而是因为如果孩子做了，会有不好的事情发生，父母也会很难过。

有效而真诚地夸奖孩子

处于对视期的孩子，其实是非常渴望被肯定的。父母或老师的肯定，可以成为他们成长的力量。当然，大家都知道夸奖孩子好处多，但是如何有效地夸奖孩子还是有讲究的。我分享几个心得。

1. FFC模型

有效的夸奖是有一定逻辑的。这里，我向大家推荐一个有效夸奖的FFC模型，即Fact（事实）+Feeling（感受）+Compare（比较）。我用一个案例向大家具体解释。

我在香港教过一对7岁的俄罗斯双胞胎小女孩，给她们上的是一带二的中文小班课。大家可能以为给女孩子上课会安静很多，然而并非如此，这对小姐妹是我带过的精力最旺盛的学生。俄罗斯人的运动天赋可真是强，姐妹俩狂热地喜欢体操，而我的课正好安排在她们每周三体操课之后。要求刚刚跳完操的孩子坐下来安安静静上课、读汉字，确实有难度。有时候正上着课，一个女孩会忽然跑开"咣"一个筋斗倒立在墙角，另一个也会不甘落后地跑去倒立在旁边。我的课堂是开放式课堂。等我把她们捉回来重新坐好，几分钟就过去了。这样的情况多了，导致每节课的教学任务总是完不成，时间一长，我的内心有点崩溃。

我多次提醒姐妹俩，上课时不能离开书桌。她们态度很好，但转头就忘，一会儿偷跑一个，我的管教也只是"按下葫芦浮起瓢"，徒劳罢了。一小时的课，我觉得自己是在健身！但是每次都去求助她们的妈妈来管束姐妹俩也不妥。于是，我决定用夸的方式。

这一天姐妹俩上课，课程计划是学一段中文故事。她们很快就听懂会读了，然后要抄写。刚写了几个字，妹妹又跑到客厅地毯上下腰去了。我又好气又好笑，过去把"咯咯"笑的小姑娘拎回来，让她继续写。我用余光看到姐姐也想站起来加入，但看到我无奈的表情后，她又坐下了，老老实实地写完了她的任务。

这其实就是姐妹俩上课的日常，但那天我抓住了这个瞬间，对姐姐说："安娜丝塔西娅，你专注地完成了你的课堂任务，字也写得全对！老师今天感到特别欣慰，谢谢你！你上节课跑出去两次，今天你一次都没离开课堂。我真为你骄傲！"

我表扬的虽然是一件很细微的事，其中包括事实（姐姐留在座位上认真写字）、感受（老师感到欣慰和受尊重），也有比较（本节课没跑出去，比上节课跑开两次有进步），所以在孩子听来就很真诚，老师是真的看到了她的努力，这样的夸奖会让孩子感到自己被欣赏和被肯定。这就是符合FFC模型的有效夸奖。

姐姐安娜丝塔西娅的性格确实比妹妹露西亚稍微沉稳一

点，我如此郑重的表扬让她有点不好意思，随即就笑得像朵花一样。刚被我抓回来的妹妹听到姐姐被夸了，翘起小嘴巴偷偷看我，那样子似乎在问："那我呢？"我笑着对露西亚说："姐姐今天写字特别认真，我好喜欢！来！我来看看你写得如何？让老师也激动一下好不好？"

结果露西亚那天也写得格外卖力，铅笔把纸都快划破了！直到写完都没再冲出去给自己"加戏"。我对着她的本子，也来了一顿猛夸："露西亚今天的字写得认真又好看！你看上次老师纠正过的这个笔画你这次都写对了。你真棒！老师真高兴！"说着我拍了拍她的小肩膀。"哇！今天这节课你们都太优秀了！一会儿我跟妈妈说，下课每人多奖励一块曲奇！"

小姐俩开心得不得了。其实她们每天下课都会吃曲奇，但是那天我说这曲奇是奖品，她们就觉得格外香甜。看来孩子真的是要多夸！就像《正念教育》里的一句话："只有当孩子感觉好的时候，才能做得更好。"

后来，我给这姐妹俩上课就明显轻松了许多。妹妹露西亚还是会忍不住溜出去翻个筋斗什么的，但不等我去抓，自己就会跑回来继续写字。因为她知道，如果她努力，我就会看到、会表扬她。姐姐安娜丝塔西娅的进步就更大了，她很少再跟着妹妹溜号了，总能保持上课的节奏。那一年，姐妹俩跟着我学了很多汉字和儿歌，汉字习字和彩笔画贴满了卧室一面墙。我离开香港以后，她们的妈妈告诉我，姐妹俩的学校也开设了中文课，她们都学得很轻松，因为跟着我学习打下了很好的基础。

2. 不违心地夸奖孩子

我们都知道夸奖对孩子自信心培养的好处，但是要注意，亲子关系中最重要的底层逻辑是真诚，所以不可以违心地、夸大地夸奖孩子。比如，孩子考试得了80分，在班上属于中等水平，我们可以指出他比上次考试有进步，但是不能违心地夸他考得好。总之，一切鼓励孩子的夸奖，都必须基于事实。

在违心夸奖中长大的孩子，可能会陷入很多心理困境。比如妄自尊大，无法接受批评和挫折；又比如表面过度自信实则内心非常自卑，因为孩子也明白这些赞誉并不符合自己的实际情况。有的孩子甚至会形成"讨好型人格"，因为他们过度依赖别人对他们的评价，无法建立真正的自我认同感。长期沉溺于过度赞美的孩子，还会出现一种奇怪的现象，有的人表面看起来非常努力，实际上却逃避真正的挑战，因为他们太需要别人的赞誉和肯定，不敢面对可能会输的挑战，从而放弃了让自己进一步成长的机会。

所以，我们可以为一件很小的事夸奖孩子，但不能为一件不存在的事夸奖孩子。所有的夸奖都要真诚坦率，尽量遵循FFC模型，让夸奖的每一个字都真实不虚假，让夸奖变成推动孩子继续努力的动力。

3. 谨慎选择夸奖的方式

家长和老师都有这个共识：对于孩子，应该多夸奖，多鼓励。可是为什么有些孩子得到了很多正面夸奖，却并没有表现得更加优秀呢？可能是因为我们夸奖的方式不对。

但凡能增强信心，让孩子感受到鼓励的夸奖，一定要指向建设性的方向，否则夸奖容易变成对不好行为的纵容，甚至会成为孩子的压力。比如，当我们想激励孩子时，尽量不要夸他聪明，而是夸他努力、坚韧、灵活、理解力强等。

> **敲黑板3**
>
> 从陪伴期过渡到对视期,家长跟孩子的沟通方式也要及时调整。我们要减少"讲道理"而更多地使用"共情",也就是用动机转换法,把简单粗暴的要求变成富有情绪价值的互动。另外,我们要学习如何科学地夸奖孩子,以达到激励的效果。父母与孩子的博弈,最终以孩子的胜出而结束。

为什么要慎夸孩子聪明呢?在之前的章节中我已经阐述过这个问题了。聪明是一种很高调的评价,暗示的是天资而不是努力,容易把孩子推向追求完美的窄路或者不求努力的歪路,从而造成不好的结果。不光是"聪明",学校里有经验的老师在公开评价学生的时候,都会谨慎使用"有才华""可爱""优秀""智商高""情商高"等笼统且带有光环的字眼,而尽量用具体明确、可量化、可重复的评语,比如"刻苦""专注""细致""严谨""执着"等,把赞誉变成可以效仿的方向,起到更好的模范带动效果。

7.4 让情绪价值为家庭教育保温

对于对视期的孩子,我们还需要对他们进行情商教育。情商教育涵盖的内容很广泛,包括挫折教育、社交技能、情感认知等。我个人认为，其中最迫切的是挫折教育，因为这是个人与世界的交会、磨合与和解的重要过程，是孩子走向成熟的关键一环。

让自我意识契合社会，是全世界孩子成长的必经之路。在中国家庭教育中，我们都呼吁家长重视孩子的挫折教育，以强化孩子未来的抗压能力。出于种种原因，没有完全走入社会的孩子，基本上很少有机会去独自面对和处理挫折，更普遍的情况是孩子到了大学后被动完成从温室到社会的过渡。

在这方面，法国家庭稍有不同：父母一开始就划定孩子在家庭中的位置，最明显的表现是，孩子从来都不是家庭的中心，家庭成员有时会刻意忽略对孩子的关注。比如我在第4.3节中提到的，孩子需要学习如何表达诉求，遵守规则，懂得取舍和妥协。学校生活就是这种训练的缩影。学校完成前半部分，家庭接力后半部分，帮助孩子兼顾自我需求和社会公平，在成长中学习如何与世界和解。

本书中，我用大量篇幅介绍如何让孩子在正念—边界—舒适系统里适应边界，同时促进他们的独立人格茁壮成长，为离开父母、独立探索人生做准备。另外还要强调的是，家庭里的正念—边界—舒适系统，需要很多情绪价值来赋予温度，比如爱、依恋、信任、治愈、守护等。而情绪价值的培养是我们中国家庭的强项，被赋予情绪价值的正念—边界—舒适系统，会成为孩子独立腾飞的摇篮。

在对视期，父母要在以下这几个方面下功夫，为孩子的成长查缺补漏。我通过一些有借鉴意义的案例和有可操作性的小贴士来具体说明。

如何帮助情绪化的孩子

越临近青春期,孩子的情绪化问题可能越明显。很多家长深爱孩子,却不知道如何处理这方面的问题,以致自己和孩子的亲密关系受到影响。

有位妈妈跟我诉苦,自己的孩子小时候很乖,越长大情绪越不稳定,特别情绪化,经常为一些小事在公众场合大呼小叫,等回到家却又不愿意再提起。她很多次想跟孩子谈谈,要求她控制自己的情绪,但每次孩子都逃避,不愿意回应。如果被逼急了,孩子转身就逃回房间,家里的气氛也降到了冰点。她为此烦恼极了,不知道怎样才能走进孩子的心。现在孩子马上要上高中了,学业也加重了,她担心以后孩子会和自己越来越疏远。

孩子情绪失控,相信很多父母都经历过。这位妈妈如果能够在孩子小的时候及时发现这种苗头,尽早介入就会相对容易调整。否则如果情绪问题和青春期交叠,会更加令人头疼。

孩子小时候,偶尔任性或者撒娇,都是正常的。但是如果家长发现孩子发泄情绪的方式越来越激烈,行为越来越频繁,就要予以关注,及时介入了。这里说的介入,不是严厉管教、粗暴制止,而是运用正念教育的理念进行引导。最重要的是,我们需要引导孩子学会识别和接纳自己的情绪。

如何引导孩子的情绪呢?运用心理学上的一个沟通模式,可以从以下三个问题切入:

(1)你现在感觉怎么样?(了解和接受孩子的情绪。)

这是打开孩子心门的重要一步,要抱着一种不批判、完全接受的态度来询问。这很考验家长的定力，孩子越激动，家长越要镇定平和，千万不要被孩子的情绪带跑偏了。

（2）是什么事让你产生了这样的情绪？（孩子的回答越具体越好。）

孩子的回答可能会比较混乱或者模糊，这时候就可以进一步详细引导询问，一般这时候可能出现两种情况：孩子在回忆的同时会慢慢冷静下来，或者孩子会因为想起了让自己难过的诱因而更加激动。

（3）怎么做才能让你感觉好一点？（引导孩子的注意力从情绪向具体行为转移。）

从心理咨询的角度来看，这个问题是有歧义的，但是它的妙处也正在于此。因为"怎么做"可以是指孩子怎么做，也可以是指父母怎么做，所以回答这个问题对孩子来说既可以是进行自我审视，也可以是提出请求，但无论是哪个，都是一种打破僵局的尝试，孩子会不知不觉地被带出自己的情绪牢笼，而专注于问题本身，从而找到解决方案。

也就是说，父母要让孩子通过这三个问题来了解情绪是什么、它从哪里来、要到哪里去。

这三个问题搭建了心理学中一个运用广泛的重要情绪通道：接受问题→审视问题→最终尝试解决问题。即使无法立刻解决问题，也能把注意力从情绪本身转移到客观事物上，从而避免了情绪对主客体的攻击和伤害。

当我们能够引导孩子识别自己的情绪，掌握合理表达情绪的方式，寻找更恰当的方式来发泄负面情绪时，那么这道沟通障碍就有希望被逐渐移除。久而久之，孩子会下意识地用这三个问题来舒缓自己的情绪，有望成为自己情绪的主人。

这种办法对于解决任何年龄段孩子的情绪问题都有积极的作用。比如，前面提到的那位因为孩子情绪化问题而一筹莫展的妈妈，显然她没能早些介入孩子的情绪问题，原因是她的女儿曾是留守儿童，这几年才来到她的身边生活。所以我向她推荐了这个办法并提醒她，因为前期陪伴的缺失，可能现在需要家长更加努力地寻找跟女儿有效沟通的方式，也让女儿试着掌握这个方法来进行自我调整，因为她已经是大孩子了。

过了一段时间，那位妈妈反馈说，她做了很多尝试，还是无法跟频繁情绪失控的女儿当面沟通。后来有一次，她找了个女儿心情好的时间，直接把这个办法细细地告诉她，并对她说："妈妈相信你一定能自己把情绪梳理好，因为你是大孩子了。"女儿当时没有什么回应。但是她发现，孩子发脾气的次数慢慢少了，能明显感觉到孩子自己也想控制情绪，遇到事情也开始学会冷静了。看到孩子的进步，我相信这位妈妈一定很欣慰。

所以你看，孩子的潜力是巨大的，他们的理解力也常常比我们想象的要强很多。只要你让孩子感受到，你是用心的，你在努力提供帮助，哪怕方法略显笨拙，哪怕套路有些明显，他们可能当时不屑一顾，但是你为他们做出的努力，永远都是一份温暖的爱，孩子会永远记得。只要是爱，就会在孩子生命中播下美好的种子，开出温暖的花。

高亲和低对抗的教育润滑剂

法式幽默挺有名的，法国人毒舌并且嘲讽一切甚至热衷于自嘲的幽默精神，至今仍在一些影视文学作品中大放异彩。到了法国生活以后，我发现这里的人们把幽默融入生活，在教育中也是处处开花。其实在如今，不只是法式幽默，每个国家都拥有本土的幽默文化，摒除极少数不适合青少年身心健康发展的过时观念，绝大多数幽默文化都是绝佳的教育润滑剂。我鼓励家长们多多汲取平日里在互联网上接触到的健康、阳光的幽默元素，运用到日常教育中去，因为幽默真的是一种高亲和低对抗的教育润滑剂。

一次，我送阿莱克斯和托马斯去小朋友家过夜，那家有两个孩子，一个叫马蒂欧，跟我家俩娃同岁，另一个孩子是比马蒂欧大一岁的哥哥。本来约好第二天上午十点去接孩子，结果我因为有点事，到了十二点才赶到。我很抱歉地跟女主人说对不起来迟了，希望没有打搅他们的午餐时间。女主人笑嘻嘻地说，没关系，今天周末，他们起床也晚了，孩子们都在花园自己玩，她还没有来得及做午饭，正准备叫比萨外卖打发一顿。

法国人的风俗是，拜访别人家不能说完事扭头就走，哪怕不进门，站在大门口也要聊一会儿天再告辞。我正在夸女主人花园里的花好看又雅致，忽然听见他家的老大在窗口对着妈妈撒娇："妈妈，我快饿死了，什么时候能吃午饭？"女主人还没来得及回答，就听见他们的爸爸，正在客厅看报纸的那个高个子的男人对着楼上喊道："儿子，刚才比萨店说要一个小时才能送到，你实在等不及可以先把你弟吃了，吃前记得替你妈把他洗干净，他昨晚忘洗澡了。"

话音未落，哥哥和弟弟同时被"炸"出来了，纷纷表示抗议。哥哥说他不吃不干净的"小猪"，会拉肚子。弟弟回应道:"你们这样拿人送人情还要揭人短,很容易失去我的。"这个爸爸的段子真是张口就来,女主人和我只有哈哈大笑的份,连阿莱克斯和托马斯也被逗乐了。我们仨就在一屋子人的笑声中愉快地告辞了。生活在这么轻松幽默的家庭中,孩子想不快乐都难!

幽默不仅是生活的润滑剂,更是教育的润滑剂。我留意过法国学校里的老师们,几乎很少有表情严肃、不苟言笑的老师,大多数老师都很幽默,表情和手势很丰富,即使是批评学生,也可以看到他们丰富的表情里包含着很多信息。有时候抬抬眉毛,摊开手掌,传达的是委婉的谴责或者督促;有时候是飞快地嘟起嘴巴,皱起眉头,表达出正在考虑有点难度的请求,同时还流露出关切之情。总之,林林总总的身体语言和丰富幽默的话语,已经成为法国教育中表达情感的重要元素。这种幽默生动的表达习惯深入法国文化,减少了教育的严肃性和强制感,更加易于被孩子接受。

幽默在批评教育中也起到了很好的共情作用。有一次,我听见小马在教训托马斯,因为他吃午饭的时候偷看电视。那天我们没有一起吃午饭,给孩子们做好饭以后,我们俩就去看牙医了。等我们一个小时后回来,阿莱克斯的盘子都收了,托马斯的午饭几乎原封未动。看见我们回来,他开始三口并一口地狼吞虎咽,我知道他吃午饭的时候肯定没专心。爸爸看到这幅情景很生气,于是有了以下对话:

"托马斯,我们出门这一小时,你做什么了?"

"……我在吃饭。"

"吃饭?你确定没做别的事?"

"我真的没看电视,爸爸,我就在这里吃饭。我只是吃得很慢。"

"好吧,你继续吃!不过你可能需要跟这根通心粉多说说话,她气色不好,你刚才肯定冷落她了。"

"什么通心粉?……"托马斯一脸蒙。

小马走过去,用托马斯的叉子从盘子里叉起一根通心粉。

"我猜你忘了跟这根通心粉打招呼,别的通心粉都跟你一起看了两集动画片,唯独漏了她,她肯定很不爽。你看,她都变色了,肯定是气的。快给她打个招呼:嗨,很高兴认识你,通心粉小姐,你的酱汁看上去真匀……"

"爸爸!!"托马斯知道自己又被"套路"了,难为情地扑在他爸怀里。

后来,托马斯坦白说他的确没有好好吃饭,因为他偷看了最喜欢的动画片。就这样,因为小马的幽默,我家现在跟熊孩子谈话的工作基本上都交给他了。

在教育里加入一点幽默,对孩子的情商也是一种熏陶。幽默让很多教育中的挑战时刻有了缓冲和润滑,强化了教育的心理暗示功能,让挑战变得具有建设性。此外,幽默不仅仅是一种教育智慧,更是一种人生态度。面对纷纷扰扰的世界,幽默可以有效缓解压力,让人相信未来可期。有这种觉悟的孩子,可以应对更多压力。有这种觉悟的父母,也会帮助孩子看得更高更远,让孩子及早适应和参与社会的成长体系,确定人生的方向。

不夸大也不隐藏父母为孩子所做的努力

很多父母觉得孩子不应该过早地接触世事,所以把自己的辛劳和困顿都隐藏起来，只给孩子呈现生活中最好的一面。其实孩子比我们想象的要敏感和强大，尤其当孩子日渐长大，逐渐和父母平视的时候，我们不用羞于表达我们的爱，也不用隐瞒我们为了爱孩子所做的努力。因为个体的差异和局限，我们都不可能成为完美的父母，在养育孩子的过程中，我们可能犯错误、走弯路，但是这并不丢人；相反，我们为了养育孩子所做的一切努力，都是强大的情商教育。

有一次，一位家长跟我说了他和女儿的故事。

他是单亲爸爸，妻子因为出轨和他离婚，女儿跟着他生活。也许是因为忙于生计，再加上生活不如意，他脾气不太好，虽然很爱女儿，但羞于表达，更做不到温柔。有一天，因为孩子考试没考好，他一时火大，骂了孩子几句，说女儿不用功、没良心什么的。事后他觉得后悔，给女儿做好吃的，又给她买新衣服，还找话题跟女儿聊天。他是个不善言辞的男人，又爱面子，他不知道该怎么向女儿道歉，甚至开不了口再提及那次争吵。一连好几天，女儿一直都闷闷不乐，埋头做作业。有天晚上，他终于鼓足勇气，走进房间对女儿说："上次爸爸不该骂你，爸爸下次耐心点，学习上有困难告诉我，要不咱也请个家教……"

他说，那是他第一次向孩子道歉。

女儿转头对他说："行了行了，看你这几天难受的样子，你还不如再骂我一顿呢！我没生气，我就是在想，这数学题怎么就这么难呢！"

这位爸爸跟我说，当时他想女儿肯定还在跟自己冷战，所以一直不理人，没想到女儿早就原谅他了。当初离婚都没哭的他，一下子没忍住，抱着女儿哭了起来。女儿反而温柔地抱住他，安慰着他。

他跟我讲这件事的时候，他女儿刚考上大学，选了她喜欢的文科专业。虽然女儿的数学最终也没有取得高分，但是她依然尽最大努力完成了学业目标。女儿跟学业和解了，他跟女儿也和解了。自从那件事后，这位爸爸脾气好多了，他几乎再没对女儿说过重话，现在他们父女感情很好。

爱都是双向的。有时候，我们忽视了孩子对我们的了解和爱。其实，在保护孩子的同时，我们自己也在被孩子治愈着。父母对孩子的爱很炽热，但孩子对父母的爱更加隐秘而深厚。多花点心思，用心让自己成为更好的父母吧！因为你的每一分努力，孩子都会感受到。爱也是一种言传身教，即使没有技巧，即使不尽完美，孩子看到你的努力，也会深受感动。

教育家蒙台梭利说："我们对孩子所做的一切，都会开花结果。不仅影响孩子的一生，也决定孩子的一生。"我们无法决定什么样的孩子来到我们身边，甚至连养成怎样的性格，以

敲黑板4

在对视期，父母要主动为亲子互动赋予更多的情绪价值，为应对孩子青春期的叛逆做好准备。情绪价值的赋能贴士如下：

（1）运用上述沟通模式，从三个问题切入，引导情绪化的孩子。

（2）把幽默融入日常养育，构造高亲和低对抗的亲子关系。

（3）不用刻意隐藏我们为了变成更好的父母而做的努力。

及未来走什么样的路等,都不是我们能决定的。但我们能给孩子的,是感受世界的能力,是追求幸福的恒心,是面对挫折挑战时内心拥有的勇气与智慧。只要爱是用心的,不管方法是否完美,这份爱一定会有回响。一颗温暖的心,一定会点亮另一颗心。这就是家庭教育的魅力。

第 8 章

狂野青春期：用接纳和理智应对冲突（11~16岁）

有人说："青春期就像车祸现场。"青春期的孩子时而像冰山一样怎么捂都不热，时而像炸药包一般一碰就着。有时几场冲突下来，十几年培养的亲情连同孩子的自尊、爸妈的权威，都消失殆尽。我有个朋友，儿子上高二了，常常跟她冷战。她向我诉苦："快高考了，我忍着！他现在怎么折腾我，我更年期就怎么折腾他……"玩笑归玩笑，一转头她在微信上对儿子还是嘘寒问暖，儿子回复的只有简短几个字，顶多再加个表情符号。

　　青春期，实质上是孩子对自身舒适系统的更新和扩展。这一时期他们不再满足于家庭舒适系统，关注力由家庭认同转移到同龄群体认同。在父母眼里，这种变化看似叛逆，但其实是一个孩子成长必经的社会化过程。家长需要接受和适应这一改变，帮助孩子实现青春期的平稳过渡。我在这里强烈推荐一个方法，就是占据制高点，尽早帮助孩子建立批判性思维。这种训练越早越好，因为批判性思维，不但会对孩子的青春期教育起到很好的作用，更会让孩子终身受益。

8.1 批判性思维:狂野青春的"冷却剂"

青春期孩子的叛逆,可能是一个普遍的教育痛点。放眼西方社会,在各种思潮的影响下,国外孩子的青春期更是各种迷惑行为的重灾区。青春期的迷乱和冲突,不但发生在家里和学校里,也体现在青少年自己的内心里。在这一时期,孩子经过了数十年对学校和父母教导的服从或半服从,开始渴望自主,同时对外部世界也形成了自己的看法,一旦与父母的观念存在差异,冲突就在所难免;加之这一时期,多种亚文化在校园中大肆"收割"青少年的注意力。为了更快融入某些群体,青少年会和家庭保持距离,甚至和父母的观念背道而驰,以标榜他们的"酷"。

青春期孩子喜欢为自己贴上各种"叛逆"的标签,很多父母对此十分担忧,无形中更强化了这种定式。我在教学中接触过很多青春期的孩子,对青春期孩子的这类问题,我认为青春期孩子其实最渴望被肯定、最希望自己的声音被听到,他们需要的是父母的让步和接纳。因此,父母不妨适当接受,不做评判,正向引导。青春期孩子只是减弱了对家庭的依赖,并非完全脱离,因此能缓解青春期"狂野"的,还是牢固融洽、充满人情味的亲子联结,而这恰好是东方教育的优势。如何从早期家庭教育开始，就保持亲子联结的牢固，使亲子间建立深厚的信任，需要父母的远见和耐心。

一个有趣的现象是，虽然国外青少年的青春期乱象远甚于国内，但大多数孩子都能平稳度过这段人生的"多事之秋"，进入大学或者专职院校。众所周知，大多西方家庭的孩子对父母的服从相对弱于国内家庭，那么他们度过青春期靠的是什么呢？在这时，孩子在儿童期建立起来的正念—边界—舒适系统又要大放异彩了。而且更重要的是，这种舒适系统普遍具有批判性思维逻辑。这种思维方式会帮助孩子独立思考，减少盲从，寻求安全感。这些正是安抚青春期、治愈盲目叛逆的良药。

批判性思维，是一种学术思维工具，自20世纪80年代以来，欧美高校把"批判性思维"作为高等教育目标之一，并开设专门课程。我国高校也积极引入批判性思维，华中科技大学原校长李培根院士曾说："马克思主义的精髓也是批判性思维，而当批判性思维与科技相结合，就是创新创造的来源。"可见批判性思维的重要意义，它并非"刺头式"的批判，而是发散性的思维方式。

本书在第7.2节中，已简单介绍过批判性思维训练对孩子的一个好处——帮孩子学会判断形势，客观决策，明智地说"不"。而批判性思维不仅可以使孩子学会拒绝，还可以帮助孩子根据自身需求和长远目标做出正确的选择，让青春期的孩子具备良好的判断力。此外，批判性思维也是西方学术界的思辨基础。批判性思维的思维导图看上去高深，但现实中操作起来并不难。简单来说，批判性思维阻止人们从信息中直接得出结论，而是对信息进行消化处理，一般分六步走：

（1）接收信息。

（2）理解。

（3）应用。

（4）分析（提出假设）。

（5）综合（思考解决方案并评估优先级）。

（6）行动（得出结论或解决方案）。

如右图所示，作为父母，为了让批判性思维早早"入驻"孩子的小脑瓜，我们需要从引导孩子问简单的问题开始。

当我们身边发生或我们听说了一件事，我们可以引导孩子这样做：

（1）鼓励孩子收集信息，搞清楚事情的来龙去脉。（发生了什么？）

（2）提醒自己这件事的意义和重要

发生了什么？
收集基本信息，开始全面思考该事件。

为什么这件事很重要？
思考这件事的意义，并开始确定自己的立场。

这件事里有什么信息是我不知道的？
梳理事件中被忽略或隐藏的信息。

我如何得知这件事？
审视信息来源（是否可靠）以及信息是如何被采集和表达的（是否全面和准确）。

谁在说这件事？
评估信息传达者在事件中的立场以及可能影响其公正客观性的要素。

这件事是否有其他可能性？
了解和倾听事件可能存在的其他不同结论或观点。

结论：综合评估以上六步骤里的信息，确定自己对该事件的认知程度和观点，结论可能是动态的，必要时重复以上流程，更新信息

批判性思维处理信息六步骤

性。（此事为何重要？）

（3）问问自己是否错过了一些重要信息。（有什么信息被忽略或隐藏了？）

（4）反思自己的思考过程，看信息来源是否可靠和全面。（我是通过什么渠道知道的？是否全面和准确？）

（5）想想说话的人处于什么立场，其客观性是否受到了影响。（谁告诉我的？他的立场客观吗？能让孩子考虑到这个层面，实属不易。）

（6）除了这种说法（观点），思考是否还有其他观点和可能。（还有其他可能的观点吗？）

这六个问题组合成了一个"批判性思维多棱镜"，看似问题很多，但对于适应了这种思维方式的孩子，用这六个问题过滤一遍信息，也就几分钟的事。不管遇到怎样的人或事，拥有批判性思维的孩子心里都会做出相应的判断，这样的孩子不好哄，更别说被骗了。

批判性思维的训练好处很多，且不说孩子今后在专业领域的学习与研究上会占尽先机，单单是经过这种逻辑引导，孩子就能拓宽视野，接受新发现，减少偏见，并考虑一切合理的可能性。批判性思维很早就被引入西方校园，从某种程度上说，让学生们用自己批判性思维得出的多样性结论平衡了混乱的校园文化，使得西方校园虽看似狂放不羁，但大部分学生却能平稳度过青春期。

在法国，我有一个很好的女性朋友，叫克里斯汀，她是一位30多岁的美国妈妈，丈夫是大学教授，他们有一儿一女，大女儿杰迪已经上中学了。刚认识他们时，杰迪不到10岁，乖巧可爱，喜欢音乐和画画。后来慢慢进入青春期，她13岁那年，有一次我见到她，吓了一大跳，她居然换成了哥特式打扮，画着浓黑眼线，戴着黑色蕾丝的窄项圈，还戴了一枚小小的鼻钉，简直就是标准的青春期叛逆少女的样子。我强压着惊诧，转身悄悄问克里斯汀："你女儿这种打扮，你和你先生没意见吗？"

克里斯汀说，杰迪提出来要戴鼻钉，作为父母，一开始他们也很难接受。但他们还是决定不干预，毕竟女儿长大了，这是她的自由。于是，他们准许杰迪在14岁生日那天去打鼻洞，但他们像对待成年人一样，跟杰迪谈了条件，要杰迪本学期的功课平均达到优良，年末要拿到三个A等。如果她能做到，就可以像大人一样，在鼻钉问题上自己做主。后来杰迪确实做到了，就高高兴兴在14岁生日那天去打了鼻洞。杰迪享受了长大的自由，也懂得了用兑现承诺来证明自己已经长大。

有一天我在克里斯汀家吃午饭，杰迪提到，班上有一群学生邀请她假期去森林玩，但她拒绝了。我问为什么，难道她不想暑假放松一下吗？杰迪说，邀请她的那个女孩，来自一个有点激进的自然保护主义小团体，上次自己跟他们去郊游，有几个学生闹过了头，损坏了海滩上的设施，她觉得很尴尬，而且也不认同他们的做法。她还提到了一些隐藏的信息，比如假期很短，她要准备开学后一个月的一个重要考试，而且他们准备去的那个地方，最近正值雨季，并不适合露营，去了也没什么意思。杰迪已经计划参加一个市政厅公益写生活动，去周边的老教堂和城堡写生，活动中还有野餐聚会，她觉得这更有意思（画画一直都在杰迪的正念—边界—舒适系统中）。杰迪说完,还兴致勃勃地给我看她最近的素描本,她的父母则一边吃饭,一边很自然地说:"你考虑得很全面,杰迪,很高兴你决定这个假期跟我们待在一起。"

看着杰迪,我忘记了她的鼻钉和奇装异服,感觉她有一种超出年龄的成熟,这简直就是批判性思维的范例。青春期孩子的那些叛逆装扮、对流行事物的盲从,其实都只是表象,孩子只要有客观清醒的认识,懂得自己甄别和选择,就完全能够平稳度过青春期,就像杰迪。克里斯汀跟我说,上一次杰迪不假思索、很兴奋地跟那个小团体出去玩了一次,回来后很沮丧。作为母亲,她没有责备杰迪决策失误,而是像朋友一样询问她的感受,并提示了几个她可能忽略的信息,杰迪从那次的错误判断中吸取了教训,学会了怎样更好地做决定。

关于杰迪的鼻钉,还有后续故事。她开心地戴了一年多鼻钉,直到后来新冠疫情暴发。有一天,克里斯汀在电话里告诉我,杰迪抱怨口罩总是被鼻钉挂到,决定自己摘掉鼻钉。我能听出来克里斯汀声音里那种如释重负的感觉,那个标新立异的小东西,在杰迪父母内紧外松的淡化策略下,终于成为杰迪青

敲黑板1

青春期阶段,孩子的独立人格发展迅速,父母所能做的就是适度放手和柔性引导。而真正能守护孩子、帮助孩子做出正确抉择的办法,就是尽早在生活中潜移默化地给孩子植入批判性思维,让孩子学会减少情绪干扰,学会做出客观判断,不盲从,不被坏朋友蛊惑,顺利度过青春期。

春期记忆里的"昙花"。

克里斯汀是一位很睿智的妈妈,她跟孩子说话的方式,常常给我留下深刻的印象。我记得有一次,他们的小儿子,7岁的乔纳森放学回来气呼呼地跟她说,今天班上有个叫露西的女孩过生日,给班上每个同学都发了一块巧克力,偏偏没有给他。克里斯汀听了以后,先没有做出明显的反应,而是耐心听他发泄了一会儿才说:"哦!那你今天真不走运!"然后,又不露声色地问:"你确定她唯独没有给你吗?她给大家的巧克力是什么样子的?是老师发的还是她亲自发给大家的?"乔纳森冷静下来,仔细想了下,回答她:"她就是把我给忘了,其他人都分到了一块,亏我还对她说了生日快乐!""不是露西直接给的,是老师发给大家的,她告诉我们这是露西的生日糖果。""我看到是那种金箔纸包的巧克力球,上面画着一个松鼠。"克里斯汀听完忽然笑了,对乔纳森说:"宝贝,我想露西没有忘记你的糖果。应该是老师不让她给你,因为妈妈跟老师交代过,你对坚果过敏呀!你忘了?"乔纳森"哦"了一声,一下子就消气了。我相信,其实克里斯汀一开始就已经猜到大概是这个原因,但是她没有直接说教,而是引导孩子自己对这件事做出分析,她无形中使用的就是一种批判性思维逻辑。我相信,正是这种生活中潜移默化的批判性思维,帮助孩子进行理性思考、客观选择,平稳度过青春期,健全自我人格。

和西方社会相比,国内家庭孩子的青春期,叛逆性大多集中体现在过度追逐一些与学业无关的爱好,或想要做出不同于父母意愿的选择等方面,这些同样需要父母懂得适度放手和让

> **敲黑板2**
>
> 青春期的孩子常常表现出很大的迷惑性，他们喜欢标新立异，外表看上去往往比实际情况更令人担忧。但青春期是孩子的注意力从家庭舒适系统扩展到社会群体认同的阶段。这是一个正常的成长阶段，家长不必太过担忧，避免引发亲子间的激烈矛盾，尽量保持平稳过渡，必要时可以尝试像对待成年人一样与孩子平等谈判，让他们适当获取一些掌控感。

步。而为了让孩子能理解父母和做出对自己有益的选择，批判性思维的提早建立，就显得更加重要和紧迫。

只要父母把握好关切和放手的界限，注意训练孩子的批判性思维，就完全可以让青春期的孩子，做出明智的选择，健全独立人格，继续向阳生长。

8.2 如何用正念—边界—舒适系统捋顺青春期"小杠精"？

现实生活中常常听到很多父母感叹"孩子大了，越来越不愿跟我说心里话了"，抱怨"孩子原来很乖，现在会犟嘴了，一开口就把人噎得够呛"等。其实"乖宝宝"变成"小杠精"的诱因，可能从孩子很小的时候就埋下了。这除了与性格有关，更多的是因为父母对孩子内心世界的理解偏差。所以我们只有了解孩子的真正需求，才能走进孩子的内心。

如何运用正念—边界—舒适系统在家庭教育中捋顺"小杠精"呢？给大家以下几点建议。

深耕正念"土壤"，适当向孩子示弱

在正念—边界—舒适系统中，边界是刚性的、不可变更的，也是孩子内心安全感的支撑，而正念则是柔性的、包容的，是滋养孩子内在安全感的"土壤"。在正念的"土壤"中，我们可以适当放下父母的权威，向青春期的孩子示弱，让他们体验把控和决定的乐趣。而向孩子适当示弱，需要边界的支持，从而保证这种示弱并不是溺爱和纵容。

我有一个闺密，她儿子小佳上初中了，闺密跟我诉苦，孩子原来跟她很亲，现在却成了闷葫芦。每天回家父母问他在学校怎么样，小佳就敷衍说还好。这令她头疼不已，她想不通自己无微不至的关心为什么得不到回应，从小乖巧懂事的儿子为何变得好陌生。有一次我在她家做客，闺密刚好给小佳换了新的苹果电脑。小佳特别兴奋，一直试着操作，但是苹果电脑的系统跟他熟悉的Windows系统不一样，电脑一直发出报错音。小佳想自己研究一下，可是闺密却要他别动，说她先打电话问问客服。小佳的语气开始不耐烦了，说："妈，我可以的，让我试试吧！"闺密说："哎，你不懂，会弄坏的，等我打电话问问再说。"小佳说："不用，我可以上网查啊！"

"不行，别说了，你先去做作业，快去！妈妈研究清楚后就教你。"闺密依然坚持。

气氛瞬间就僵住了，小佳冷着脸转身进了房间，重重地把门关上。闺密叹口气，尴尬地对我说："你别介意，这孩子最近就是这样。"

虽然是旁观者，但我还是忍不住说："其实你让他试试也没事，电脑不是你买给他的吗？"闺密想了想，抱起电脑进了小佳房间。我在客厅听见她对小佳说："妈妈也搞不懂是怎么回事，实在没招了！还是你研究一下吧！但如果研究半小时还搞不明白，你最好先做作业，等你爸回来再说。行吗？""好嘞！"小佳开心地答应了。

小佳在房间里捣鼓了半天，查了很多资料，虽然没完全弄清楚新电脑的所有功能，但却成功地解锁了键盘。那天因为捣鼓电脑耽误了做作业，我离开前，小佳还在埋头赶作业。但是闺密后来告诉我，那天小佳心情特别好，晚上睡觉前还忽然主动跟她说起学校里的事情，母子间好久都没有那么多话了。她有点惊喜，看来真的要多给小佳一些"自由"了。我想，闺密对小佳的心态也许还停留在儿童期的习惯，所以总想包办和保护，让孩子觉得窒息，她也觉得孩子越来越陌生。其实，没什么比父母的信任更能激励孩子成长的了。后来，她慢慢放手让小佳做一些操作性强的事情，小佳也渐渐地跟爸爸妈妈有了更多的互动，他还跟妈妈说，他以后想学计算机专业，将来当程序员。

用正念缓解学业焦虑，学几个沟通小技巧

如果说小佳跟父母的"冷战"，是因为孩子自幼顺从的性格改变了，父母需要适度放权，给孩子一定的自由。那么，对

第8章 狂野青春期：用接纳和理智应对冲突（11~16岁）

于天生外向的孩子在青春期时，父母要怎样沟通呢？

我一直认为我表姐小乔很幸运，因为她女儿蕾蕾从小乖巧懂事，阳光外向，人缘好。比起身边那些不爱跟妈妈亲近的小男生，女儿跟妈妈一定更亲近一点吧！可最近小乔也跟我大吐苦水，说女儿蕾蕾跟同学似乎有说不完的话，每天回家了还短信发个没完没了，可是在饭桌上跟家人却沉默寡言。偶尔说起来，也是游戏长游戏短，什么装备酷，什么穿越小说好看之类的，她好言提醒蕾蕾，不要玩物丧志，要专注学习，结果这小丫头就把白眼翻上了天，站起来就走，气得她差点当场掀了饭桌。

小乔想让我以小姨的身份跟蕾蕾聊聊，恰好之前春节发红包，我加过蕾蕾的微信。于是我找了个周末，问蕾蕾最近学校有什么新鲜事，蕾蕾很快就回复我了，跟我聊了半天。她说自己竞赛获奖了，以前一直比较害怕物理，但这次考试考得还不错。一派阳光上进的好孩子面貌啊！我觉得她状态挺好，就说："别忘了告诉妈妈，她最近需要听到你的好事开心一下！"不说不打紧，我这一提，蕾蕾就开始吐槽："我妈？别提了，以前她还带我去逛博物馆、水族馆，带我去吃好吃的。现在周末就是盯着我上补习班，还像'探子'一样天天监视着我。"蕾蕾又说："我现在根本不敢跟我妈说话，上次吃饭时提了一句同学们都在读的一个穿越小说，那女主角挺酷的。我妈就借题发挥，说我玩物丧志、沉溺于虚拟世界、自暴自弃，最后还专门找了一个小孩因为看穿越小说最后自杀的恐怖新闻，放在桌上让我读，真是够了，你说我能跟她说什么啊？！"

听了蕾蕾的吐槽，我竟不知该怎么劝她。蕾蕾小时候，表姐在朋友圈里确实经常晒一家三口到外面玩的照片，去水族馆、博物馆，还有动物园。可自从蕾蕾上了高中，这些画面就在表姐的朋友圈消失了。当然，蕾蕾上高中了，学业压力肯定不小，但除了学习，什么都不让做，对一个才14岁的孩子来说，确实也挺痛苦的。

蕾蕾的父母过度关注学习，反而增加了孩子的心理压力，阻断了亲子沟通。青春期孩子的学业一般会逐渐加重，有些父母为了让孩子专心学习，直接"扼杀"了孩子的业余爱好。一项问卷调查显示，将近90%的家长在和孩子聊天时，只关注学习成绩和在校表现，忽略了孩子在学校时的社交活动和精神需求。这样只会适得其反，没有娱乐和社交的青春期的孩子，在同龄人中会被边缘化，以致产生抑郁、焦虑等心理问题。而父母如果忽略甚至否定这方面的需求，孩子就会觉得与父母的交流毫无意义。

其实青春期孩子对父母要求并不高，只是在父母看来，这些要求可能有些奇特。我们不妨换一种沟通方式，跟上孩子的节奏，走进他们的心。只要采用良好的沟通方式，问题就解决了一半。

建议父母可以从以下几方面着手，在沟通方式上花点心思。

（1）语气：以小事开头，为谈话营造轻松的开场气氛。比如："哎呀，今天妈妈出门忘带伞了，刚才差点淋湿，我真是太粗心了！哈哈，你在学校知道今天下雨了吗？"或者"晚上做你最爱吃的红烧排骨，去帮妈妈剥点蒜好吗？"

在法国，父母跟孩子谈话的时候，都是以爱称开头的，这种仪式化的称呼，绝不单单是习惯，更是一种心理暗示，暗示父母已经把孩子当成大人了，从一种尊重和爱的设定出发，开始对话。

（2）话题：用轻松的话题做铺垫。比如："今天你自己选的这件衣服很好看，同学有没有夸你？"或者"刚刚你们一群男生热火朝天在聊什么呢？是不是某某游戏又出新版本了？"（随口说一个游戏，哪怕说错了都没关系，由此打开话匣子。）

关于话题的切入，我建议尽量从孩子的情绪或者日常生活中的关切入手。例如，"今天你看上去兴致挺高啊！""你看上去有点累，是不是做了好多题？""肚子饿不饿？渴不渴？"，等等。这种话题比较容易打开孩子的心门。相反，如果父母一开口就是"别看手机了，作业做了吗？"或者"这个星期的摸底考试卷子你复习了吗？"，孩子则容易产生倦怠情绪，抗拒后续的交谈。

（3）环境：跟孩子谈话，不是做工作汇报，不一定要在正式场合，也不一定非在家中，可以是在车上、餐馆里、散步时，根据当时的环境，应时应景地切入话题。事实上，在户外与孩子的谈话更加容易产生效果。除了自然环境会起到一定的减压作用，同时在特殊外界环境中更容易找到孩子感兴趣的话题，分散压力和焦虑，让孩子更容易打开心扉。

例如，小虎最近学习成绩有点下降，妈妈很着急，爸爸就利用周日带小虎去公园的小河边散步，边走边聊天。看见河边有人钓鱼，爸爸便聊起了自己小时候在乡下光脚抓鱼的童年趣事。小虎很感兴趣，问爸爸能不能带他去，爸爸承诺只要小虎好好复习，期末考试名次提前十名，考进前十五名，暑假就带他去乡下抓鱼。小虎这才告诉爸爸，自己知道没考好，因为最近数学课听不太懂。爸爸很快请了数学家教，帮助小虎重点攻克难题，小虎期末考试顺利地考进了前十五名。爸爸说到做到，暑假全家去乡下住了一周，抓鱼抓虾，跟孩子分享童年的乐趣。

在户外跟孩子沟通，效果一般好于跟孩子在家里严肃地讨论成绩，因为有时候过多的压力会让孩子选择逃避，万一孩子自尊心受挫，这种沟通会适得其反。

（4）平常心：青春期孩子的情绪波动大，如果孩子偶尔顶嘴或者拒绝沟通，父母只需淡化处理，等待下次有机会再沟通，不用反应激烈地斥责或争论。有时候孩子说了过激的话后，自己也知道错了，但因为自尊心作祟，很少会马上服软道歉，这时候建议父母采用"迂回战术"。

①冷处理。例如："我知道你今天作业多，你大概累了，休息一下就看书吧，我们以后再谈。"

②反向建议。例如："你这么说妈妈很伤心，但我知道你肯定更难受，你觉得妈妈应该怎么帮你？你说说你的想法，妈妈看看能不能帮到你。"

③倾听。例如："你要是心里有委屈，跟妈妈说吧，我们一起想办法。"

面对孩子的负面情绪，我们需要接纳和聆听，而不是先入为主，武断地责备或打压。只有让孩子觉得我们是值得信赖的，我们才能找到帮助他们排解情绪的关键。

设法走进孩子的生活圈

有时候，父母与青春期孩子的沟通有困难，是因为亲子间存在代沟，即出生在不同年代的人，在心理状态、生活方式和价值观念等方面存在巨大差异。随着社会飞速发展，代沟断层在亲子沟通中表现得更为突出。很多家长都经历过，孩子在家里越来越沉默。即使一家人吃饭，孩子也只是闷头吃饭，根本不主动跟父母聊天。吃完饭之后就匆匆回自己的房间，而平时跟朋友打电话能聊好半天，有说不完的趣事，把父母晾在一边。

代沟不仅让家庭关系变得不睦，也不利于孩子的教育和学业的进步。作为父母，我们必须清楚产生代沟的主要原因，然后采取相应的方法和孩子拉近距离。

1. 了解和接受新观念

遗憾的是，几乎没有什么办法能够消除代沟，唯一的办法就是父母做出改变，尝试了解社会上的新观念，不能固执地认为自己一贯并且永远正确。现代社会信息更替周期越来越短，校园更是新观念的前沿阵地，每天都有很多新想法在孩子们的大脑中碰撞融合。父母只有与时俱进，多了解这个世界，才能理解孩子的想法，更好地守望和教育。

有一天，兰兰跟同学在电话上聊到"emo"这个词，聊得眉飞色舞，还时不时"长吁短叹"。妈妈很好奇，等兰兰挂了电话，就问她什么是"emo"。兰兰说就是心情不好的意思。兰兰以为妈妈肯定又会说，小孩子有什么心情好不好的，快去做作业。谁知妈妈居然说："哎呀，这个我懂呀！这个词很流行呢，不光你们青少年会emo，妈妈有时候也会emo。比如，上次你跟我吵架还不吃饭，妈妈那天晚上就emo了呢……"兰兰"噗"地笑出了声。经过这次，兰兰似乎感觉到妈妈不但关心她的学习，其实也很在乎她的心情，于是她慢慢开始自然地跟妈妈分享在学校发生的事，妈妈也积极回应，母女俩的关系融洽多了。

　　2. 尝试新的亲子活动

　　以前周末，小刚的父母总是带孩子去公园或者博物馆。后来小刚渐渐长大，上了中学的他觉得这些活动索然无味，提不起兴趣，总是找借口不肯去。小刚的爸爸听说市里新建了一个人工智能多媒体交互式博物馆，里面还有真人动态游戏，就带小刚去体验了一把，小刚玩得非常开心，而且还由此对人工智能相关专业知识更感兴趣了。更重要的是，小刚体会到了爸爸的用心，感受到爸爸很在乎自己，亲子关系也融洽了很多。

　　3. 学习一些新生代用语

　　前文提到的我表姐与女儿蕾蕾之间的"破冰"，就是源于一件小事。蕾蕾跟我吐槽她妈妈像"探子"以后，我可不敢直接反馈给表姐，当妈的听了不生气才怪！于是，我就一直委婉地建议她找机会改变孩子对自己的刻板印象，暂时放一放对蕾蕾学习的过度关切，反正这段时间蕾蕾成绩稳定，没有太大问题。后来蕾蕾15岁生日到了，大概觉得在家无聊，而蕾蕾平时也不怎么请同学到自己家里玩，表姐就提议，今年在饭店为蕾蕾举办一个小型生日会，让蕾蕾请来五六个要好的同学。因为要安排饭菜和蛋糕，表姐也去了。蕾蕾一开始担心由于妈妈在场，朋友们会尴尬。表姐说："放心吧，妈妈在工作中组织过不少活动，我知道怎么做。"

那天生日会，蕾蕾居然破天荒地发了朋友圈，看来玩得挺开心。听说表姐那天一反平日在家的严肃模样，和蔼幽默，蕾蕾和朋友们在她面前很快就轻松如常了，而且很难得的是她一句关于学习的话都没说！到了切蛋糕的环节，表姐对餐厅服务员说："这位小姐姐，请多拿一些纸巾来好吗？我们要切蛋糕了！"有个同学当时就说："蕾蕾，你妈好新潮啊！我妈只会喊'服务员'！"表姐跟我说的时候，得意之情溢满脸庞。

在生日会结束，同学们都离开后，蕾蕾搂住她的胳膊亲热地撒娇："妈妈辛苦啦！！"表姐说："你开心，我就开心！"我想，蕾蕾肯定开始重新认识自己的妈妈了。后来母女的关系融洽了很多，直接表现就是，表姐不再总是向我倒苦水。蕾蕾有一次在微信上跟我说："我妈有时唠叨起来还是很烦，但我觉得她也挺不容易的，我以后得学着哄哄她。"

虽然蕾蕾这话听着还是有点孩子气，但比以前提起妈妈就怨气冲天，已经好太多了。

很多青春期的孩子看似油盐不进，其实内心非常敏感。你对孩子用的心思，为了沟通所做的任何努力，或机智或笨拙，孩子其实都完全看在眼里。即使孩子当时没有回应，但父母为了他们的成长而做出的努力，也会时时浮现在他们的脑海里，成为温暖他们一生的养分和能量。

4. 尊重孩子的表达权

青春期其实也是孩子希望自己被听到、被看到、被尊重的特殊成长期，如果父母忽略了他们的这些需要，亲子沟通就会被阻断。

我认识一个叫苏曼莎的法国单亲母亲，我们都叫她杉木。她精明干练，有一个13岁的儿子叫亚瑟。和孩子父亲离婚后，两人轮流养育监护亚瑟，孩子一周跟着妈，一周跟着爸。杉木很爱她的儿子，经常给我看儿子小时候和她亲密依偎的照片，但亚瑟长大后跟妈妈很疏离，也不服管教。有一次，她没收了亚瑟的手机，想让他先做作业，愤怒的男孩居然跳起来对着她的后背打了一拳，虽然力道不重，但是杉木很伤心。而亚瑟的父亲天性自由烂漫，不怎么管教儿子，可亚瑟反而跟父亲更亲近，这让杉木非常不解。后来，我给杉木出了一个主意，让她找个机会邀请孩子父亲一起带着孩子过一天，看看父亲是怎么跟孩子相处的。一筹莫展的杉木同意了。

没过多久，杉木就有了发现。她冷静地观察了父子俩的相处，发现孩子确实在父亲那里比较活跃和放松。父亲很少教训孩子，反而喜欢听孩子说话。父子俩一边打篮球，一边随口聊着学校里发生的一些鸡毛蒜皮的小事，而亚瑟一反常态，格外地活跃健谈。反观自己，她和孩子在一起的时候，总是她当主角，她在说，孩子闷头听。有时候亚瑟有不同意见想表达，总是被她直接驳回。而且有时家里来客人，询问亚瑟的情况，她也下意识地热情"代言"，把孩子晾在一边。久而久之，亚瑟变得自卑且沉默。这时妈妈再想跟孩子沟通，便总也得不到回应。她越生气，孩子就越沉默。她觉得自己是在保护孩子，不想却把孩子越推越远。

杉木终于找到了问题的症结，开始注意倾听孩子的声音，慢慢改掉了在家里强势的习惯作风。在孩子与别人聊天的时候，她有意回避，即使在场，也以亚瑟为主，鼓励他表达自己的观点。一开始，亚瑟很紧张，甚至说话有点结巴，杉木也不生气，只是若无其事地倾听。经过一段时间的努力，母子关系真的融洽了很多，亚瑟的暴力倾向再也没有出现过。

俗话说："父母话多，小孩语拙。"这句话有一定道理。表达欲是人类的天性，关注青春期孩子的表达欲，对他们树立自信心非常重要。如果孩子的发言权被剥夺了，他的表达欲望就会减弱，会变得沉默寡言，使亲子沟通受阻。青春期是孩子人格形成的关键时期，这一时期我们一定要给孩子一定的表达空间和自由，才有助于他们形成稳定的表达力和积极的社交性格。

5. 给孩子留出社交空间

青春期的孩子，处在依附成长与人格独立的中间地带，在这一时期往往有独处或者寻求同龄群体的需求。这是完全正常的现象。有些父母没有意识到孩子长大了，孩子眼中的世界也变大了，不再只有父母。父母如果还坚持从前那样和孩子亲密无间的相处方式，在这一时期就会受到冲击。这时候，我们就需要做出调整，接受孩子的成长与亲子关系模式的改变。

在香港居住时，我认识了一个当地妈妈，她的儿子叫迈

敲黑板3

解决青春期困局的唯一办法就是沟通，因此如何能顺畅地与孩子沟通是每位家长都需要学习的。必要的时候，我们可以学点孩子的语言，与孩子"同频共振"，让他们感受到我们为彼此沟通所做出的努力，唤醒亲情，引导孩子度过迷茫的青春期。

克，已经上大二了，跟她一直都很亲近。她跟我说过孩子高中时候的一件事。迈克一直很喜欢周末跟爸爸妈妈出去，妈妈会给他买一件新衣服，然后一家三口再去吃午饭，饭后还会给迈克买冰激凌，最后一家人高高兴兴回家。但是不知道从什么时候起，迈克周末不愿意再跟爸爸妈妈出去吃午饭买东西了，而是想找同学打篮球。妈妈不同意，她觉得迈克就要高中毕业了，以后一家人在一起的时间会越来越少，现在的相处时光很珍贵。迈克虽然理解妈妈，但一直闷闷不乐，周末跟爸爸妈妈出去逛街吃饭也心不在焉。

后来，她听了丈夫的建议，答应了迈克周末去打篮球，还帮他办了篮球馆的卡。当她看到迈克和朋友们在篮球场上满头大汗、畅快淋漓，还交了好多好朋友的时候，她终于明白，那个跟在妈妈屁股后面的小男孩已经长大了。于是妈妈告诉迈克，每周六他都可以去打篮球，但是妈妈希望他每两周能抽出一个下午跟妈妈坐在一起吃个点心或一起读本书。迈克愉快地答应了。现在迈克上大学了，有了自己的朋友和生活圈，但依然跟父母的关系很亲密，经常回家跟父母共度周末。

敲黑板4

作为父母，要尊重青春期孩子的表达权，不要轻易用自己的经验和权威来打压或否定孩子，即使孩子的观点和做法不正确，也要学会像对待成人一样让他们有表达的权利。并且在这一时期，帮助孩子学习对自己的行为负责，为自己的错误买单，以便为今后的独立生活做好心理准备。

家长务必要学会给孩子留出一定的个人社交空间，不要将幼年时亲子相处的方式强加给长大的孩子。青春期的孩子处于成长的十字路口，需要父母的正确指引，但他们更需要自己独立去体验和学习，对世界建立起独立的认知，父母不能一味地保持原有的"家庭小天地"，以爱的名义阻碍孩子的成长。

结 束 语

每个新手父母,大概都会问自己一个问题:我希望孩子长大后成为什么样的人?我也问过自己同样的问题。

抚养一个孩子,对他最大的期待是什么?我觉得快乐是首要的,相信这也是大多数父母的初心。但是当今世界竞争残酷,快乐是需要适量的成功来辅助的。在多元化社会,成功的方式多种多样。我们心中对于成功和优秀的评价标准有很多,比如,学业有成、心性通达、健康阳光、情商在线、内心强大……此外,还有一个特质,不光是自己的孩子,我衷心希望每个孩子都能拥有,那就是国际化思维。

当我写下这些话的时候,外面的世界一直有很多事发生。疫情反复,地区冲突残酷,国际高科技领域捷报频传也暗战不断,网络上各种思潮辩论中友爱善意和敌对偏见并存。

作为一个对东方传统教育体会相当深刻的"75后",这些年旅居海外,历经的文化冲击已经使我处变不惊、风轻云淡。但看着身边天真无邪的孩子们,我心里明白,无论我们愿不愿意,我们的孩子终将成为世界公民,这跟出不出国、留不留学没有直接关系,即使他们一直不走出国门,精彩盛大的世界也终将"空降"到他们面前。如果不想被外界某些偏激的思潮误导、消费、收割或标签化，如果想在世界文化熔炉中自由冲浪、收获更多精彩，如果想践行"只有民族的，才是世界的"、更好地展现东方文化的独特魅力，那么每一个中国孩子都急需通达适配的思维来契合国际主流规则，占据主动位置，从容面对国门外的灿烂阳光和狂风挑战。日新月异的中国也急需千千万万能为东方文化代言，同时精通文化博弈、具备全球化思维的人才。

而这样的全球化思维，并不能完全从学业和书本里获取。因为世界观这棵枝繁叶茂的"大树"，依旧扎根于我们的基础认知，即内心对世界的认知、探索和接纳，通过家庭生活和熏陶一点一滴地内化，成为孩子们内心深处的宝贵财富。家庭教育，是孩子探索世界的第一张"车票"，也是遮挡风雨的第一把"雨伞"，它蕴含着父母毕生的智慧和深沉的爱，不但教给孩子积极开朗、乐观善良，也给了他们直面挑战、勇敢坚强的勇气。

亲爱的父母们，如何把这些美好愿望通过有效且轻松的方式，在孩子身上实现呢？别急，家庭教育的魅力就在于，一点一滴的努力都在积累深厚的爱，日日夜夜的守望，深沉温暖的爱，终会使磐石成为高塔，微步达天下。我们和孩子一样，都在路上！不用急，慢慢来，把成长还给孩子，把爱和欣赏交给自己。让我们和孩子一起成长吧！